Das Zeitalter
der Aufklärung

Das Zeitalter der Aufklärung

© Verlag C.H.Beck oHG, München 1997

Korean translation copyright © 2024 Greenbee Publishing Company

All Rights Reserved.

This Korean edition was published by arrangement with Verlag C.H.Beck oHG.

철학의 정원 65

계몽은 계속된다

초판1쇄 펴냄 2024년 02월 16일

지은이 베르너 슈나이더스
옮긴이 오창환
해제 이우창
펴낸이 유재건
펴낸곳 (주)그린비출판사
주소 서울시 마포구 와우산로 180, 4층
대표전화 02-702-2717 | **팩스** 02-703-0272
홈페이지 www.greenbee.co.kr
원고투고 및 문의 editor@greenbee.co.kr

편집 이진희, 구세주, 송예진, 김아영 | **디자인** 이은솔, 박예은
마케팅 육소연 | **물류유통** 류경희

ISBN 978-89-7682-844-6 93100

독자의 학문사변행學問思辨行을 돕는 든든한 가이드 _(주)그린비출판사

계몽은
계속된다

베르너 슈나이더스(Werner Schneiders) 지음

오창환 옮김·이우창 해제

그린비

감사의 말

나는 뮌스터 대학 철학과의 계몽 연구 중점 연구소의 동료들인 마르틴 달하이머(Martin Dallheimer), 슈테판 쿰비어(Stefan Kumbier), 미리암 라이셔트(Mirjam Reischert), 그리고 마지막으로 레지나 로버트(Regina Robert)에게 큰 감사의 빚을 지고 있다. 이들의 적극적인 지원이 없었다면 짧은 개요에서 출발한 이 기획을 적정 시간 내에 책으로 구현할 수 없었을 것이다.

1996년 10월, 뮌스터에서

차례

일러두기

1 이 책은 Werner Schneiders, *Das Zeitalter der Aufklärung*(C.H.Beck, 2014: 제5판)을 완역한 것이다.

2 본문 중 독자의 이해를 돕기 위해 옮긴이가 추가한 내용은 〔 〕로 표시했다.

3 단행본·정기간행물 등의 제목에는 겹낫표(『 』)를, 논문·단편·영화 등의 제목에는 낫표(「 」)를 사용했다.

4 외국어 고유명사는 관례가 굳어진 경우를 제외하고는 각 나라의 언어의 고유한 발음을 따라 음차하였다.

계몽은
계속된다

I. 계몽—새로운 시대

1. 대답으로서의 계몽

계몽은 진리의 명료한 인식뿐만 아니라 자유와 자립성 또한 지향한다. '계몽'(Aufklärung)이란 표현은 원래 "지성의 계몽"으로서, 개념들의 명료화 및 무지와 불합리의 제거 등과 결합된 합리적 절차를 가리킨다(합리주의적 계몽 개념). 그러나 다른 한편으로 계몽은 또한 해방적 활동을 가리킨다. 예컨대, 계몽은 "스스로의 잘못으로 초래한 미성숙 상태로부터 벗어남"으로서 모든 종류의 족쇄로부터 해방을 추구한다(해방적 계몽 개념).[1] 따라서 용어의 체계적 의미에서 계몽을 다소 강령적으로(programmatisch) 목표로 삼는 역사적 운동 역시 역사적 의미에서 계몽이라고 불린다. 그리고 그 운동이 본질적으로 18세기에 속하기 때문에 이 시기는 (시간적으로 약간 불명료하더라

---

1 [옮긴이] 인용된 표현은 「계몽이란 무엇인가에 대한 답변」의 첫 문장에서 나오는 '계몽'에 대한 칸트의 정의이다.

도) "계몽의 시대"라 불린다. 계몽의 이러한 자기이해는 일련의 또 다른 자기지시들에도 대응하며, 그것들은 전부 늦어도 18세기 말 공식화되었다. 계몽은 주로 지성이나 이성을 신뢰하기 때문에, 계몽이 지배하는 시기는 "이성의 시대"라고도 불리며, 그것은 본질적으로 비판(미신과 선입견에 대한 비판, 그리고 광신과 열광에 대한 비판)으로 출현하기 때문에, "비판의 시대"라고도 불린다. 게다가 18세기는 일반적으로 철학이 주도하는 길을 신뢰했기 때문에 "철학적 세기"라고 일컬어진다. 오늘날까지도 대단히 비판적이거나 매우 이성 지향적이고 자유 지향적인 활동 내지 그러한 활동에 대한 촉구는 (유사 메타역사적으로) 계몽이라는 이름을 달고 나타난다. 그런 한에서 대부분 다만 간접적이고 매우 선별적이라 해도, 그러한 활동은 여전히 "계몽의 시대"와 관계된다.

역사적으로 볼 때, 계몽은 무엇보다 특정 상황에 대한 응답이었다. 영국과 프랑스처럼 최초로 중앙집권적 체제를 이룬 뒤 점차 거대한 민족국가가 형성되는 동시에 종교개혁에 의해 교회가 분열되는 과정에서 16세기 이래 유럽은 완전히 새로운 정신적 및 사회적 문제 상황에 놓이게 되었다. 동시에 신학과 철학에 구애받지 않는 학문의 출현은 이러한 상황을 훨씬 심화시켰다. 이른바 근대는 정신적·사회적 삶의 전 영역에서 새로운 질서를 위한 투쟁과 함께, 특히 참된 종교와 올바른 국가 질서에 관한 지적·정치적 논쟁과 함께 시작되었다. 무엇보다 30년 전쟁(1618~1648)으로 대표되는 국가 간의 이념적인 동시에 군사적인 전쟁은 17세기를 특징지었고, 이러한 17세기의 종말은 계몽의 출발점을 이룬다.

17세기 후반에 일어난 종교 문제는 무엇보다 교파 분열로 특징지어진다. 16세기의 종교개혁 운동은 보편적으로 인정되는 해결책을 얻은 것이 아니라 서로 경쟁적인 교회와 학교의 형성으로 이어졌고, 이로써 새로운 신학적 논쟁으로, 궁극적으로는 정치적 논쟁으로 이어졌다. 베스트팔렌 조약(1648)조차 단지 독일에서만 어느 정도 상황을 진정시킬 수 있었고, 영국과 프랑스에서는 여전히 수십 년 동안 유혈 분쟁이 계속되었다. 지속적인 종교전쟁과 시민전쟁의 트라우마적 경험에 직면하면서 서로 긴밀히 연관된 두 가지 요구들이 생겨났다. 그것은 이성적 종교 내지 자연신학의 요청과 종교의 자유의 요청이었다. 그런데 후자는 보편적인 사상과 표현의 자유의 요구로, 나중에는 언론의 자유의 요구로 확장될 수 있었다. 그러나 계몽은 더는 교회의 교리를 통해서가 아니라 실천적 도덕을 통해 참된 종교를 추구했다. 종교의 진리의 불확실함을 고려할 때, 덕은 이승에서 종교의 대체물이 되었다. 이렇게 해서 이성, 자유, 그리고 덕을 향한 계몽의 열정적 요구가 발전하게 된다.

계몽의 관점에서 볼 때, 정치 또한 비이성, 부자유, 부도덕의 특징을 지니고 있었다. 군주제는 유사 이래 정치적인 규범 상태였고, 뒤늦게 계몽을 통해 다만 예외적으로 문제시되었으나, 새로운 권력과 질서의 문제에 직면하자 전적으로 절대주의로 기울어졌다. 절대주의는 처음에는 시민들의 도움으로 옛 전쟁 귀족을 진압했으나, 그 다음에는 새로운 군대의 도움으로 강력해진 시민들 또한 진압하려 했다. (만일 계몽이 영국처럼 이미 오래된 입헌군주제를 발견할 수 없다면) 이로부터 계몽에는 두 가지 가능한 결과가 일어난다. 먼저, 계몽은 자신의 고유한 목표에 따라, 절대주의를 덕과 지성의 확산을 위한 도구로 만들려는, 혹은 필요한 경우에 종교개혁을 통한 자유를 희구하려는 시도일 수 있다. 아니면 전제정이나 독재처럼 세계 개선의 주요한 걸림돌인 절대적 군주제와 직접 투쟁하고 어떤 형태로든 혁명을 선전하려는 시도일 수도 있다. 대다수 계몽주의자들은 처음에는 더 유망한 첫 번째 선택지를 추구했고, 입헌군주제로부터의 해방을 지지하지 않는 경우에는 계몽된 개혁적 절대주의를 위해 계몽과 절대주의의 결합을 추구했다. 프랑스혁명 이후에야 일련의 계몽주의자들은, 모두가 그런 것은 아니었지만, 어떠한 형태로든 민주공화국을 지지하는 목소리를 냈다. 이성과 도덕에 대한 계몽주의자들의 우려는 분명히 모두를 위한 자유에 대한 그들의 관심보다 더 컸다.

자립적인 이성 사용 또는 지성 사용의 첫 번째 모범적 사례는 16세기 이래 점차 고유한 정신적 권력을 키워 온 동시대의 자연과학자들에게서 찾아볼 수 있었다. 17세기 중반에 이미 자연과학은 대부분의 성직자의 감독에서 벗어나 신학으로부터 독립적인 사유모델로 간주될 수 있었다. 이렇게 해서 엄밀한 의미에서의 학문, 즉 과학과 긴밀하게 연관된, 보다 자유로운 철학에 대한 첫 번째 희망이 생겨났다. 신학으로부터 해방된 세계인식의 경향은 신에 대한 이성적 인식과 인간에 대한 보다 나은 인식이 가능하다는 점을 보여 주었고, 따라서 실천적, 기술적 및 도덕적 문제에서도 진보를 이룩했다. 자연과학의 사실은 새로운 정치 및 도덕과학(자연법)의 이념을 일깨웠고 이성과 자유에 대한 희망을 강화했다. 요컨대, 철학과 더불어 계몽은 자유로운 과학을 자신의 주요한 동맹으로 여기는 동시에 스스로를 과학으로 고찰할 수 있었다.

종교, 정치, 과학에 대한 조망은 계몽이 처음부터 역사적 상황에 대한 특정한 반응이었음을 이해할 수 있게 해 준다. 종교와 정치 영역에서 여전히 비이성이 경험된 반면 새로운 과학에서는 지성 또는 이성의 성과가 가시화되었기 때문에, 계몽주의자들은 지성과 이성에, 다시 말해, 자기 사유(스스로 생각하기)의 활동에 의탁했고, 따라서 이를 위해서는 점점 더 자유(성숙함)가 요구될 수밖에 없다. 이성은 실제적 비이성에 맞서, 또한 가상과 "현혹"에 맞서 참된 사실관계를 옹호하기 위한 수단이자 심급이다. 가장 먼저 싸워야 할 것은 미신과 열광, 선입견과 광신이다. 이 개념들이 공격받는 지점은 타락한 것으로 비판받는 종교의 현상형식을 공공연하게 추구한다는 데 있다. 이와 더불어, 신앙의 결함뿐만 아니라 사회의 결함을 감안할 때, 이성을 통해 진리의 규범과 기준으로 인식될 수 있는 자연은 역사적 계시의 자리, 즉 부분적으로 과학적이고, 부분적으로 형이상학적으로 개념화되는 자연에 대한 규범적 개념의 자리를 차지한다. 아마도 이러한 양면성 때문에 자연은 새롭고도 강렬한 방식으로 호소력 있는 논증의 사례가 될 수 있다. 하지만 정치와 종교의 권력자들은 일반적으로 계몽의 직접적 영향을 거부하기 때문에, 인식의 빛의 증대("지성의 개선")와 이를 통해 희망한 대로의 도덕의 확장("의지의 개선")은 계몽의 첫 번째 목표가 된다. 이러한 배경을 통해 (진보와 자유, 관용과 인권 등) 계몽의 요구와 희망 대부분은 이성에 대한 희망과 이성적이고자 하는 의지의 결과로 이해될 수 있다.

따라서, 아주 일반적으로 말하자면, 18세기의 계몽은 명료한 사유를 통해 정신적 진보를 이루고자 할 뿐만 아니라 모든 관계의 개선 또한 약속하고자 한 정신적이고 사회적인 개혁운동이었다. 수 세기 동안의 신학적 사유의 주된 지배 이후 이제 분명해진 것은 인간학적 관심이 뚜렷하게 증가했다는 점이다. 이 관심은 무엇보다도 인간과학의 발전에 대해서만이 아니라 인간의 사명에 대한 질문으로도 이어진다. 이에 따라 시민사회는 점차 신의 품 안에 거주하는, 즉 신앙의 공동체를 대신한다. 그리고 수 세기 동안의 큰 믿음, 미신, 그리고 경신(輕信)의 분위기가 지난 뒤 이제 분명해진 것은, 미신과 선입견의 비판, 광신과 열광의 비판에 대한 계속 반복되는 요구에서 나타나듯이, 비판적 사유의 뚜렷한 경향이다. 이러한 비판적 사유는 개별 이성을 불러내어 호소하기 때문에, 그것은 합리적이고 자립적인 사유의 의도를 지니며 그런 점에서 합리성과 진정성이 강조되는 특징을 지닌다. 사유와 행위에서의 자립성은 적어도 간접적으로 자유를 향한 요구를 함축하는 중심적 요구가 된다. 특히 많은 계몽주의자들은 직접 영향을 끼칠 수 있는 가능성이 희박함에도 불구하고 거듭 덕을 촉구함으로써 개인과 사회의 개선을 희망하는 것 같다.

계몽은 한갓 이념의 형상화를 넘어선다. 역사적 도전에 대한 응답으로서, 계몽은 본래 새로운 시대의 부상(浮上)이었고, 따라서 그 자체로 전통과의 단절이기도 했다. 계몽은 변화를 지향한다. 그것은 일종의 절차이되, 반성의 절차일 뿐만 아니라 개혁의 절차이기도 했다. 다시 말해, 계몽은 그 단초와 의도 면에서 개혁운동, 즉 정신적이고 도덕적인 개혁운동이지만, 특히 모든 계층의 사람들이 참여하는 종교적이고도 정치적인 개혁운동이기도 하다. 그런데 세상을 변화시키고 개선하려는 의지가 가장 강력한 사회적 집단은 물론 이것을 추구함으로써 가장 큰 혜택을 받기를 희망하는 사회구성체, 즉 이른바 제3계급인 시민계급이다. 정신적으로는 물론이고 사회적으로도 상승 중인 시민계급(소유하는 시민들과 교육받은 시민들 등)은 이상적이면서도 물질적인 진보를 추구하며 이성과 자유를 향한 계몽 안에서 종교적 및 귀족적 권력의 지배에 대항하는 무기를 발견한다. 무엇보다도 비정치적이고 사적인 그들의 도덕 역시 실제적 종교와 정치에 반대할 수도 있다.

　새로운 사유는, 그것이 실제로 효과를 발휘하거나 실천적이 되는가와 무관하게, 삶의 모든 영역을 재조직하려는 새로운 종류의 의지와 결합한다. 그 말뜻에서 보듯, 계몽은 고유하고 원천적인 행위이지, 결코 자동적 절차가 아니었다. 계몽은 계몽을 떠받치고 촉진하는 사람들의 사유와 의욕으로부터 생명력을 얻어 왔다. 그러나 계몽이 진행되는 가운데 그 시작과 초기 조건은 금세 잊혔다. 계몽은 하나의 세계관이 되었고, 상대적으로 고정된 사유의 틀 안에서 다양한 이념들의 앙상블이 되었으며, 현실에서 유리된 사상의 구조가 되었다.

2. 철학을 통한 계몽

18세기에 신학에 대한 관심이 도처에서 쇠퇴한 반면, 철학의 명성은 고대 이래 전례 없이 높아져 갔다. 철학은 권위 있는 사유 형식이 되었다. 철학자는 계몽주의의 위대한 주창자이며 프랑스의 계몽주의자들은 스스로를 명시적으로 '철학자'라고, 프랑스어로 '필로조프'(philosophes)라고 불렀다. 비록 철학이 여러 계몽주의자에게 일종의 신학의 대체물이었을지 몰라도, 계몽 자체는 스스로를 철저히 세속적인 과학이나 지혜로 이해했다. 이리하여 계몽은 언제나처럼 (계시나 은총의 초자연적 빛과 구별되는) 이성의 자연적 빛에 호소했을 뿐만 아니라 이제 그 차이를 매우 단호하게 강조했으며, 또한 자연스럽게 복음(Evanlgelium)이 자연적 인식의 조정자로 복무하는 것을 점점 더 거부했다. 나아가 독일에서 철학은 신학과 대조되어 "세계지혜"(Weltweisheit)라는 용어로 이해되었다. 그러나 18세기에도 계몽과 과학의 차이는 철학과 과학의 차이가 더욱 뚜렷해지는 것에 비례하여 더 분명해졌다.

17세기에 근대 자연과학의 등장과 더불어 인식은 신학뿐만이 아니라 철학으로부터 해방되는 경향이 두드러졌다. 이 시기에 철학은 처음에는 무엇보다 방법에 따라 진행되는 사유이자 정확한 보편타당한 엄밀과학의 모델에 따라 자기 자신을 새롭게 재구성하고 하나의 과학으로서의 형이상학을 정립함으로써 자연학을 넘어서려 했다. 이후 철학은 인식론적으로 과학의 근거를 캐묻고 이런 식으로 자기 자신을 일종의 메타과학으로 정초하려 했다. 동시에 엄밀과학의 경험적-가설적 성격이 점점 더 분명해짐에 따라 과학은 본질적 물음에 답할 수 없다는 것, 즉 과학의 실증주의로는 궁극적 원리에 대한 탐구가 여전히 완결되지 않는다는 것 또한 명백해질 수밖에 없었다. 몇몇 철학자들은 도덕성이 결여된 상태에서 과학의 오용이 불러올 위험을 이미 인지했고, 철학자들 다수는 과학에 의한 종교의 파괴 가능성과 과학에 내재하는 무신론 및 유물론적 경향을 두려워하기까지 했다. 엄밀과학은 삶의 의미에 관한 모든 물음을 방법론적으로 배제하고, 원리에 대한 모든 질문은 물론이고 현실에 관한 모든 질문에도 아무런 답변도 제공하지 않고 방기했다. 이제 철학이 그 질문에 답해 줄 것으로 기대된다. 따라서 계몽은 설령 그것이 계속해서 과학에 호소하더라도 그 자체가 과학인 것은 아니다. 계몽이 스스로를 과학적 인식으로 파악한다고 해도 그때 그것은 매우 넓은 의미에서 과학으로 이해되어야 한다. 그런데 계몽이 철학으로서 표시되거나 계몽주의자가 자기 자신을 철학자로 지시한다면 당연히 철학도 매우 넓은 의미로 이해되어야 한다. 분과학문의 의미에서의 철학이 물론 새로운 '선도적 과학'(Leitwissenschaft)이 되고는 있으나, 계몽주의자는 일반적으로 전문철학자가 아니다. 기본적으로 계몽은 정향지(Orientierungswissen) 또는 정향적 시도(Orientierungsversuch)로서 (종교적 확실성의 상실에 직면하여) 과학에 의해 가시화된 삶의 의미에 관한 물음에 대한 답변이다.

철학과 과학의 관계에 대해서는 한편으로 철학이 특수하게 보편타당한 정밀과학이 될 수 있는지, 있다면 어떻게 가능한지, 다른 한편으로 철학이 인식이론과 인식비판을 선도할 수 있는지가 계속해서 문제될 수밖에 없었다. 양자의 관계는 18세기에 계몽의 철학과 철학으로서의 계몽이 역점을 둔 실천적 문제들을 통해 특별한 강세를 획득했다. 그 실천적 문제들에는 (이를테면 감정 이론이나 자연법 이론 같은) 법철학과 도덕철학의 문제는 물론이고 정치학과 교육학, 때로는 의약학과 기술의 문제도 포함되었으나 사변 형이상학적 접근은 대개 경멸되었다. 당연히 형이상학은 말할 것도 없이 이론 철학, 특히 인식론을 항상 포괄했음에도 불구하고, 계몽 철학은 거의 항상 스스로를 실천철학으로 여겼다. 비판적 실천철학으로서의 계몽은 심지어 투쟁하는 철학(philosophia militans)이기도 하다.

철학은 과학과 비판적 동맹을 추구한 반면, 문학과는 상당히 독특한 공생관계를 맺곤 했다. 철학과 문학은 똑같이 지성과 덕의 전파를 위해 노력했고, 심지어 철학자와 시인의 겸직도 드물지 않게 발견되었다. 이러한 협력은 양편에서 이루어졌다. 한편으로, 시인의 능력은 여전히 지식에 묶여 있었다. 즉 기예는 지식을, 예를 들어 문법, 시학, 신화, 상징에 관한 지식을 전제했다. 게다가 계몽을 전파하려는 작가들은 모든 종류의 인식, 특히 철학적 인식에 관심이 있었다. 따라서 시인들은 여전히 주로 지식인(Gelehrte)에 속했다. 그러나 물론 문학의 모든 형식이 계몽의 목적에 똑같이 부합하는 것은 아니었다. 예를 들어, 시는 여전히 고귀한 것을 지향하는 고전적 서사시와 고전적 비극과 마찬가지로 계몽에 부합하지 않는 것처럼 보였다. 반면에, 보다 소소한, 교훈적인 문학 형식들, 예를 들어, 교훈시, 우화, 풍자시 등이 활기를 띠게 되었다. 이에 더해 18세기에는 (오래된 모든 시적 규칙으로부터 해방되어) 자유로운 논변(Räsonieren)의 여지를 개방하는 소설, 특히 의사소통을 가장하는 서간 소설의 형식이 출현했다. 다른 한편으로, 계몽 철학자들은 정보와 비판을 통해 세계를 변화시키려 했기 때문에 필연적으로 자신의 "세계지혜"의 전파에 관심을 가졌다. 철학자들이 실천적 영향을 끼칠 수 있는 가능성은 여느 시대와 마찬가지로 18세기에도 극히 제한적이었기 때문에, 계몽주의자들은 사유와 저술을 통해 세상을 개선하려고 시도해야 했다. 결과적으로, 수 세기 동안 강단 철학에 불과했던 철학은 이제 세계에 적응해야 했다. 이리하여 세계지혜는 세속적인 지혜로서 세계에 대한 지식인 동시에 세계를 위한 지혜여야 했다. 요컨대, 철학은 가능한 한 대중적이고 실용적으로 서술되어야 했다. 다시 말해 그것은 "대중 철학"(Popularphilosophie) 또는 "세속 철학"(Philosophie für die Welt)으로서 가능한 한 많은 사람들에게 호소할 수 있는 문학적 매개 형식을 찾아야 했다. 따라서 철학자와 시인은 중간 지점, 말하자면 정보와 의견을 교환하는 정기간행물 분야에서 만나곤 했다. 철학과 문학은 함께 계몽의 "기록문화"(Papierkultur), 즉 모든 것을 포괄하는 언어예술, 또는 더 정확히 쓰기의 예술을 이룩했고, 18세기를 "잉크로 얼룩진 세기"로 만들었다. 이런 이유로 계몽에 대해 말한다는 것은 주로 18세기의 철학과 문학에 대해 말하는 것을 의미한다.

3. 계몽의 현상형식

계몽의 강령적 개념이 (합리주의적이고 해방적인 계몽, 자기계몽과 타자계몽, 위 또는 아래로부터의 계몽, 군주계몽, 민중계몽 등과 같이) 체계적으로 구분될 수 있듯이, 계몽의 역사적 개념도 (이를테면 세대와 민족에 따라) 서로 차별화되어야 한다. 근본사상 면에서 어느 정도 통일성을 갖추고 있음에도 불구하고 언제, 어디서 계몽이 발전했는가에 따라 큰 차이가 나타난다. 게다가 정신적 및 사회적 삶의 다양한 영역(철학, 문학, 종교, 정치 등)에서, 그리고 계몽이 수행되는 서로 다른 방식에 따라서도 차이가 있을 수 있다. 이로부터 다양한 계몽의 현상형식이 나타나지만, 그중 일부는 서로 거의 상관관계가 없다.

계몽은 실로 18세기의 가장 강력한 운동이었음에도 불구하고, 사태적으로나 시간적으로나 정확히 18세기와 일치하는 것은 아니다. 유럽의 종교적이고 정신적인 근본 상황에 대한 답변으로서 계몽은 1700년 이전에 이미 어느 정도 시작되었으나, 1780년대에 이르러서야 영국, 프랑스, 독일에서 거의 동시에, 그러나 서로 독립적으로 명료하게 인식될 수 있었다. 거기서 계몽의 성격은 처음부터 민족적으로 다른 출발 상황에 있었고 서로 다른 종류의 시작을 통해 규정되었다. 열쇳말에 따라 세 가지 상징적 일자를 중심으로 세 가지 구체적인 경향이 언급될 수 있다. 영국에서 계몽은 결정적인 정치적 승리, 말하자면 1688년의 명예혁명으로 시작되었다. 이로써 입헌군주제가 수립되었고 계몽은 또한 종교비판으로서 상대적으로 평온하게 발전할 수 있었다. 프랑스에서 계몽은 종교적 파국, 말하자면 1685년의 낭트 칙령의 폐지로 시작되었는데, 이는 프로테스탄트(위그노) 교인들의 거의 전적인 학살 또는 추방으로 이어졌다. 가톨릭과 절대주의의 확고한 결합을 통해 프랑스는 계몽 세력이 (처음에는 은밀히 반대가 표명되었으나) 이제 원칙적으로 반대할 수밖에 없는 반동국가가 되었다. 독일에서는 계몽의 시작으로 확정될 수 있는 획기적으로나 정치적으로나, 또는 종교적으로 의미 있는 원년이 없었다. 고작해야 언급할 수 있는 것은 지방 최초의 학술적 사건, 말하자면 라이프치히 대학에서 독일어의 극적인 도입(1687)이었다. 이렇게 해서 문화 일반과 사회의 개혁을 목표로 하는 대학 개혁이 추진되었다.

개별 국가들 간의 이러한 차이는 또 다른 일련의 요인들로 인해 더욱 심화되었다. 말하자면 중세 시대 이래 영국과 프랑스는 자주 갈등을 겪었음에도 불구하고 비교적 긴밀하게 접촉해 왔다. 이에 대응하여 18세기에도 서로 간의 문화적 교류와 이에 따른 계몽의 전승 또한 활발하게 이루어졌다. 대조적으로, 독일은 파편화되어 있던 탓에 다양한 면에서 후진적이고 이러한 문화적 절차에서 배제된 채 남겨졌다. 이미 언어적인 이유로 다른 나라들에서 독일 문화 전반은 물론이고 특히 독일 계몽이 거의 주목되지 않았지만, 독일에서는 문화적 격차로 인해 적어도 일부 지역에서 프랑스와 영국의 문화가 크게 수용되었다. 기본적으로 18세기 계몽은 세계시민주의의 강조에도 불구하고 사실상 민족적이며, 어디서나 미덕으로 선전된 애국심은 민족적 자기 고립의 경향을 강화했다.

계몽이 영국, 프랑스, 독일에서 거의 동시에 시작되었듯이, 모든 곳에서 거의 동시에 끝났는데, 이는 민족국가 단위에서 여러 이유를 찾을 수도 있겠지만 국제적 상황 때문이기도 하다. 세 나라 모두에서 계몽은 18세기 중반에 정점에 이르렀으며, 그 뒤에는 혁신적 실행은 거의 없이 다만 기존 성취의 확산과 심화만 이루어졌다. 동시에 세 나라 모두에서 새로운 종류의 대항운동이 시작됨으로써 계몽이 강조하는 비판적 태도의 종말을 예비했다. 하지만 실제적 종말은 예상치 못한 획기적인 사건인 프랑스혁명(1789)과 함께 비로소 찾아왔다. 대부분의 계몽주의자는 처음에는 이 사건을 감격하여 받아들였고, 일부는 가장 냉철한 희망의 승인으로 이해하기도 했지만, 새로운 사실은 그들에게 혁명의 이념에 충실할 것인가 반혁명적인 지배체제에 충실할 것인가의 딜레마 또한 안겨 주었다. (왕의 처형, 공포정치, 프랑스 제국주의로 이어지는) 혁명이 계속 추진되는 과정에서 계몽에 반대하는 결정이 곳곳에서 내려졌다. 따라서 프랑스혁명의 기점이나 '변질'된 시점, 또는 나폴레옹에 의한 혁명의 종결(1799)은, 여전히 수많은 계몽의 옹호자들이 19세기 초까지 살아남아 그들의 사상을 출판했더라도, 계몽의 종말의 상징적인 시점으로 기능할 수 있다. 그런 점에서 계몽의 시대는 충분히 명료하게 정의된 시대이다. 그 시대는 4세대에 걸쳐 진행되었고, 이를테면 독일에서는 철학의 관점에서 초기 계몽, 강단 철학, 대중 철학, 후기 계몽으로 구별될 수 있다. 물론 다른 나라나 문화권의 관점에서는 다른 식의 주기화(periodicization)가 가능하고 필요할 수 있을 것이다.

계몽은 모든 경우에 저마다 다양한 현상형식을 가질 수 있다. 게다가 문화활동의 개별 형식들뿐만 아니라 그것들을 견지하는 사람들도 다양하기 때문에 이로부터 발생하는 차이들은 일일이 열거하기 어렵다. 이성, 자유, 그리고 도덕을 선전하는 철학자들은 일부는 법이나 종교의 개혁가, 일부는 강단이나 대학의 개혁가, 일부는 농업이나 연극의 개혁가로서 서로 상이한 관심을 가진다. 일부는 성숙한 인간을, 다른 일부는 어쩌면 단지 실리적이거나 신앙심 깊은 시민상을 추구한다. 또 계몽 시인은 계몽 철학자와는 다르게 생각한다. 그 밖에도 여러 나라에서 계몽의 서로 다른 현상형식은 계몽의 상이한 실천에 의해 주조된다. 한편으로 계몽주의자들은, 설령 그가 고독한 투사라 해도, 지식을 획득하고 전달하기 위해 기존의 형태의 기관이나 제도와 접촉해야 했고, 다른 한편으로는 계몽의 자기조직화 같은 사례도 있었다. 예를 들어, 독일에서는 처음부터 대학 중심이었던 데 비해, 영국과 프랑스에서는 클럽이나 살롱과 같은 사교 모임이 중요한 역할을 했다. 반면 계몽 일반의 기본 전제들은 도서출판의 진보를 통해 도처에서 일어났다. 기록된 글이 계몽의 가장 중요한 매체였기 때문에, 책 생산의 증가에 따라 어디서나 정보 제공과 비판적 현안을 포괄하는 정기간행물이 생겨났고, 특히 도서관과 독서협회를 경유하여 이성적으로 추론하고 토론하는 독서 대중도 출현했다. 언론은 계몽의 주요 세력이 되었다. 게다가 이른바 '애국회'가 도처에서 형성되었는데, 이 단체들은 일반적 또는 특수한 개혁을 위해 힘썼다. 이 가운데에는 심지어 공개성이라는 계몽주의자들의 요청과 상반되게 공인되지 않은 비밀을 가르쳐 주는 (프리메이슨과 같은) 비밀단체도 있었으며, 이 단체는 수많은 저명인사를 회원으로 영입하기도 했다.

영국, 프랑스, 독일의 발전상 상이함 외에도 유럽 및 다른 대륙에서 일어난 다른 다양한 발전들을 추가적으로 고려함으로써, 나아가 계몽의 세대, 지적 영역, 그리고 실천적 수행 면에서의 차이들도 고려함으로써, 우리는 하나의 계몽에 대해 말하기보다 복수의 계몽에 대해 말하는 편이 더 낫다고 타당한 근거들과 더불어 가정할 수 있을 것이다. 여러 나라에서 나타난 계몽의 상이함은 물론이고 이렇게 해서 계몽의 다양성이, 예를 들어 독일 계몽의 고유성과 자립성이 강조되어야 할 때 이것은 의미가 있다. 그러나 영국, 프랑스, 독일 등에서의 계몽에 대해 말할 만한 타당한 근거가 있는 한, 계몽이라는 상위 개념은 유지되고 이로써 일종의 통일성이나 공통성이 전제된다. 그리고 사실상 세부적인 모든 차이와 분화에도 불구하고, 이 모든 계몽들에는 사고와 의욕의 어떤 기본 모델이 있다. 이성, 자유, 그리고 덕에 대한 요구들은 어디서나 다소간 기본적 요구들이다. 그것들은 동시에 기본적인 희망의 비교적 안정적인 앙상블을 이룬다. 무지와 비이성과의 투쟁, 특히 종교적 의복을 한 비이성은 곳곳에서 중심적 관심사이다. 이에 따라 (빛 대 어둠, 명료함 대 구름과 안개 낀 흐릿함의) 계몽의 은유들은 본질적으로 어디서나 동일한 관심을 받아 왔다. 그런 한에서 계몽운동의 통일성은 정신적 및 사회적 근본 경향의 모든 가변성에도 불구하고 본래적으로 의심되지 않아야 하며, 그런 한에서 또한 통일적인 동시에 유연한, 말하자면 중간 정도로 확정된 계몽의 개념이 가능해야 한다.

　　그러나 물론 18세기의 계몽주의자들 역시 단지 계몽주의자인 것만은 결코 아니었다. 그들은 드물지 않게 자기 자신과 모순되는 당대의 다른 여러 흐름에도 참여했는데, 심지어 명백히 계몽에 대항하는 운동에도 종종 동참했다. 여전히 마녀에 대한 믿음을 고수하거나 자기력으로 모든 것을 설명하려고 추정하는 학자들 가운데에는 이성주의와 경험주의를 지향하는 편과 신비주의를 지향하는 편의 철학자들이 섞여 있었다. 이성지향적인 작가들 다수는 동시에 감상주의에 젖어 있기도 했다. 인식론적 경험주의와 비판적—실천적 이성주의는 자주 병존했다. 특히 과학적(이성주의적) 태도와 종교적(정서적) 태도는 줄곧 단절 없이 연결된 것처럼 보였다. 예를 들어, 독일에서는 많은 비판적 계몽주의자들이 동시에 경건주의에 공감했다. 요컨대 계몽의 시대의 일원이었을지라도 화학적으로 순정한 계몽주의자는 없었다.

II. 영국: 상식과 도덕감

1. 의회주의와 실용주의

잉글랜드, 즉 오늘날 '그레이트 브리튼'(Great Britain) 또는 '영국'(United Kingdom)이라고 불리는 지역은 예로부터 섬나라였다. 제국과 로마에서 멀리 떨어진 영국은 거의 항상 외부의 영향에서 벗어나 있었다. 물론 처음에 이 섬은 잉글랜드, 웨일즈, 스코틀랜드로 나뉘어 있었으나, 점차 잉글랜드의 무력에 의해 압박을 받다가 1707년 잉글랜드와 스코틀랜드의 합병이 이루어졌다.[1] 아일랜드도 복속되었으나, 잉글랜드의 패권에 대항하는 반란이 거듭 이어졌고, 이는 오늘날까지 지속되는 분단으로 귀결되었다. 따라서 18세기 영국의 지성사는 한편으로는 (좁은 의미에서) 잉글랜드와 웨일즈 사이, 또 다른 한편으로는 스코틀랜드와 아일랜드 사이에서 차이도 나타나지만, 때

---

1 [옮긴이] 'England'는 대체로 '영국'으로 번역하되, 종교, 정치, 영토 등의 측면에서 명확히 변별될 필요가 있을 때는 '잉글랜드'로 옮긴다.

로는 긴밀하고 때로는 느슨한 유대관계도 포함한다.

중세 이래 왕과 남작들이 투쟁하는 가운데 일종의 '귀족의회'가 형성되었고, 나중에는 이 의회에 하급 귀족(gentry)과 부유한 시민들도 합류했다. 이리하여 잉글랜드는 이미 14세기 이래 상원과 하원으로 나뉜 의회가 공동으로 통치했다. 헨리 8세(Henry VIII., 1509~1547 재위) 치하에서 교회는 왕의 이혼을 계기로 로마 가톨릭으로부터 분리되어 잉글랜드 국교회(Church of England)로 성립되었다. 이 일은 복잡한 종교적 상황을 만들었다. 왜냐하면 스코틀랜드와 아일랜드는 (잉글랜드의 가장 광범한 계층도 마찬가지로) 처음에는 가톨릭교도로 남아 있었고, 나중에 스코틀랜드에서 공격적 형태의 칼뱅주의가 출현하여 장로교의 성립으로 이어져 잉글랜드에 전파되었기 때문이다. 도덕적 엄격함을 과시하는 태도 때문에 "청교도"라고 불렸던 잉글랜드의 칼뱅주의자들은 시민계급으로 등장했고 의회에도 상당수 진출했다. 게다가 잉글랜드에는 수많은 교파가 생겨났는데, 그중 가장 유명한 것이 퀘이커교도(the quaker)이다. 그러나 엘리자베스 1세(Elisabeth I., 1558~1603 재위)가 승인한 잉글랜드 국교회의 입장에 따라, 다른 교파들은 결국 모두 비국교도(dissenters)로 간주되었다.

17세기 잉글랜드의 정치적 상황은 종교적 차이를 지닌 의회 구성과 대개 가톨릭으로 남아 있는 동시에 절대주의의 의도를 품은 스튜어트가의 왕들 사이의 상충에 의해 크게 좌우되었다. 짧은 내전이 끝난 후, 의회 총독 올리버 크롬웰(Oliver Cromwell, 1599~1658)은 1649년에 왕을 처형하고 군주제를 폐지했다. 그는 (가톨릭을 제외한) 다른 교파에 대한 관용을 위해 노력했지만, 청교도들은, 과거에 자신들도 박해를 받았음에도 불구하고, 가톨릭교도들과 마찬가지로, 다른 교파에 대해 관용적이지 않았다. 그들의 통치 아래서 마녀 재판의 횟수는 정점에 이르렀다. 그러나 크롬웰이 사망한 직후 스튜어트가는 권력을 되찾았고, 새로운 개방적 군주제가 종교적-도덕적 군사 독재를 대체했다. 그러나 새 왕들이 가톨릭 정체의 복원을 시도하려 했을 때, 의회는 모든 비국교도가 국가의 고위직에서 일하는 것을 금지하는 법안을 통과시켰고 이 법률은 19세기까지 유효했다. 의회는 왕을 몰아내고, 명예혁명을 통해 오라녜 공 빌럼 3세(Willem III van Oranje)를 새로운 왕 윌리엄 3세(William III., 1689~1702 재위)로 추대했다. 이렇게 해서 150년간의 종교전쟁과 시민전쟁이 종식되고, 원칙적으로 의회주의와 개신교가 승리했다. 왕은 의회의 권리를 인정했고, 의회는 제한적이나마 관용과 언론의 자유에 관한 일련의 법률을 공표했다. 일종의 실용주의, 즉 실현 가능성을 타진하는 감각이 유혈 충돌을 대체했다. 정치적이고 사회적인 고려에서 이제 왕과 의회, 귀족과 시민계급이 혼합 정체로 통합되었으며, 종교 문제에서도 서로 간의 박해 대신 타협과 상대적 관용이 지배하기 시작했다.

이제부터 국내 정치의 발전은 비교적 순탄하게 진행되었고, 군사 갈등은 정당들(휘그당Whigs과 토리당Tories)의 정치적 갈등으로 대체되었다. 1700년경에는 호전적인 종교적 열의도 거의 사그라들었고, 경제적 이해관계가 전면에 떠올랐다. 이미 17세기에 영국은 국내의 온갖 정치적 분열에도 불구하고 무역과 식민지 개척을 통해 발전했으며, 농경국가에서 무역국가로 탈바꿈했다. 이제 새로운 자유로운 정신으로 인해 자유무역이 당연시되었고, 경제 성장기에 접어들었다. 그러나 영국에서도 이른바 산업혁명의 시작은 18세기 중반 이후 두드러졌으며, 빠른 속도로 잇따라 방적기(1764), 증기 기관

(1765) 및 동력직기(1785)가 발명되었다. 영국은 세계 최초의 산업국가가 되었다. 그러나 여기서 또한 산업화 시대의 새로운 사회문제가 다른 곳보다 일찍 발생함으로써, 새로운 빈곤과 새로운 부유함은 무엇보다 18세기 후반의 영국 사회의 특징으로 각인되었다. 게다가 영국은 나중에 아메리카 연합국(1776)의 독립선언 이후 (캐나다를 제외한) 자신의 북아메리카 식민지를 잃었다.

정치, 종교, 사회 및 경제를 둘러싼 배경이 새로운 시대를 위해 아무리 중요하다 해도, 영국은 또한 새로운 정신적 태도의 결정적인 출발점이 된 철학과 과학의 발전이 일어난 곳이었다. 여기서는 이미 17세기에 근대의 본질적 토대가 철학과 자연과학에 의해 세워졌다. 잉글랜드와 스코틀랜드의 중요한 스콜라철학에서는 중세 후기부터 유명론적 경향이 확고해짐에 따라, 이에 대응하여 강력한 경험주의, 즉 경험적 사실들에 대한 '형이상학으로부터 자유로운' 탐구 경향이 발전했고, 이는 오늘날까지 영국인들의 심성을 규정한다. 프랜시스 베이컨(Francis Bacon, 1561~1626)은 자연과학의 시대가 도래할 것을 예고했고 그 자신의 실험을 통해 이 시대를 열려고 시도한 최초의 근대 철학자였다. 또한 그는 대법관이면서도 동시에 전형적인 영국신사 지식인이자 철학자로서 이상적인 모습을 보여 주었다. 이제 과학적이면서도 철학적인 혁신은 전통의 지배 아래 경직된 대학 바깥에서 일어났다. 1662년 건립된 왕립 학회(the Royal Society)는 연구 기관의 중심지로 발전했다. 초기에 여전히 자연철학으로 이해되었던 자연과학의 이러한 발전은 화학을 창시한 로버트 보일(Robert Boyle, 1627~1691)과 근대 물리학을 창시한 아이작 뉴턴(Isaac Newton, 1643~1727)의 모범으로 절정에 이르렀다. 18세기에는 시대정신에 부응하여 연구는 원칙적인 문제에서 벗어나 훨씬 더 실천적인 문제, 특히 기술 및 의학적 개선에 대한 연구로 방향을 틀었다.

철학에서도 정신적 분위기가 바뀌었다. 17세기 영국 철학은 무엇보다 세 가지 측면에 의해 규정되었는데, 이것들은 대륙에서는 이러한 형태로 발견되지 않았고 일부는 18세기 철학의 특징으로 볼 수 있을 정도로 새로웠다.

1. 종교적 갈등 상황과 종교전쟁을 배경으로 자연 종교 또는 이성 종교에 대한 생각이 일찍이 대안으로 생겨났는데, 특히 처버리의 허버트(Herbert of Cherbury, 1583~1648)가 이것을 옹호했다. 이러한 이신론(deism)은 1700년경 매우 종교비판적인 특징을 드러냈다.

2. 정치적 갈등 상황과 시민전쟁을 배경으로 토머스 홉스(Thomas Hobbes, 1588~1679)는 계약 이론에 기초한 새로운 국가 철학을 발전시켰다. 그의 절대주의 국가 이론은 1700년 이전에도 자유주의적으로 해석될 수 있었다.

3. 자연과학에 대한 철학의 강한 지향성은 처음에는 방법론 문제와 철학의 과학적 성격에 대한 물음으로 이어졌지만, 마지막에는 인식 일반의 문제에 대한 새로운 비판적 구명으로 이어졌다. 특히 이 세 가지 관점의 결합은 1700년경 완전히 새로운 정신적 태도를 낳았다.

예술의 영역, 곧 음악 및 조형예술에서, 새로운 시민계급적-산문 친화적 심성은 몇 가지를 제외하고는 긍정적으로 작용하지 못했다. 음악과 회화는 계몽주의와 동떨어진 방향으로 전개되었고, 오직 윌리엄 호가스(William Hogarth, 1697~1764)만이 자신의 사회 비판적 회화와 판화를 계몽의 작업으로 이해했다. 반면에 응용 예술의 영역에서는 예컨대 시민적 주거문화의 발전을 통해 혁신을 이룩했고 유럽 전역에서 성공을 거두었다. 그럼에도 가장 성공적이었던 것은 무엇보다 윌리엄 켄트(William Kent, 1695~1748)가 고안한 영국식 정원 양식과 조경 예술이었다. 외관상 자유로운, 말하자면 문화적으로 편안함을 주는 공원풍의 새로운 정원은 엄격하게 예술적인 대칭을 드러내는 프랑스식 정원과 대조되었고, 따라서 절대주의에 대항하는 공화주의의 상징으로도 이해되었다. 그러나 실제로 정원과 공원 시설은 일반적으로 부유한 귀족의 소유물이었다. 세기말에 영국식 정원은 다시 흡사 낭만주의적 정원처럼 인공적 색채를 띤다.

하지만 17세기 말부터 18세기 말까지 거의 모든 영역에서 실용성을 지향하는 냉정한 정신적 태도가 우세했다. 그러한 태도는 사실상 가능하거나 실현 가능한 것, 말하자면 (왕과 의회의 관계 및 국교회와 비국교도의 관계와 같은) 정치적이고 종교적인 문제를 조정하는 타협뿐만 아니라 철학과 과학에서 사변의 제한 및 유용한 발명에 집중했다. 이른바 인간 상식에 근거하는 태도는 정치적이고 과학적인 이성의 이상이 되었다. 초기 근대의 종교적이고 정치적인, 이른바 형이상학적이고 군사적인 분쟁 이후, 17세기 말부터 영국에서 전형적인 형태의 계몽주의는 이러한 심성, 즉 실용주의를 바탕으로 전개되었다.

2. 경험주의와 열광에서 심리주의와 실증주의로

1688년 오라녜 공 빌럼 3세를 잉글랜드로 데려온 배에는 철학자 존 로크(John Locke, 1632~1704)도 타고 있었다. 그는 법률가 집안에서 태어나 옥스포드에서 의학을 공부한 뒤 여러 관직에 있는 귀족들과 교류하면서 많은 여행을 다녔다. 과거에 그는 주로 훗날 섀프츠베리 백작 1세(First Earl of Shaftesbury)가 되는 애슐리 경(Lord Ashley, 1621~1683)을 섬기며 그를 따라 네덜란드로 망명했었다. 명예혁명 이후 이제 정부 관료로 새롭게 활동하기 위해 복귀한 로크의 여행 가방에는 거의 완성된 여러 편의 논고가 들어 있었고, 그는 이것을 완성한 뒤 신속히 출판했다. 그는 자신의 논고로 인식론, 국가 철학, 종교철학 및 교육론의 영역에서 영국 계몽의 토대를 마련했고, 이를 통해 영국 철학은 인간학으로의 성공적인 전환을 완수한다.

로크의 가장 중요한 업적은 의심할 여지 없이 근대 인식론을 독립적인 철학 분과로 기초 놓은 일이다. 그의 『인간지성론』(*Essay Concerning Human Understanding*, 1690)은 인간 인식의 원천, 확실성 및 범위에 대한 체계적이고 상세한 탐구이다. 로크는 특히 본유관념 이론을 비판한다. 그의 이론에 따르면 인간 정신은 처음에는 다만 일종의 "백지"(tabula rasa)일 뿐이며, 외적 경험과 내적 경험(감각과 반성)에 기초해서만 단순 및 복합 관념들(ideas)을 형성한다. 그러나 이것들은 오직 사물들의 이른바 1차 성질들(크기, 수 등)에 관해서만 참이며, 이른바 2차 성질들(따뜻함, 색깔 등)은 우리 자신에 의해 조건 지어진 우리 영혼의 관념이다. 물론 로크는 수학적 법칙과 도덕법칙의 인식을 여전히 경험과 무관하게 보편타당한 것으로 간주한 반면, 그 스스로 뉴턴을 높이 평가했음에도 불구하고, 자연과학을 실제로 입증 가능한 학문으로 여기지 않았다. 나중에 1700년 출판된 『인간지성론』 제4판에서 그는 이성의 척도 역할을 강조했고 광신(fanaticism)과 열광(enthusiasm)을 비판했다.

로크는 또한 명예혁명 이전에 원칙적으로 자신의 국가 이론을 개진했는데, 이 저작은 1690년에 『통치에 관한 두 논고』(*Two Treatises of Government*)라는 제목으로 새로운 군주제를 정당화하기 위해 출판되었다. 인간의 이익과 권리를 근거로 순전히 인간학적으로 입헌군주제를 옹호하기 위해 로크는 홉스와 마찬가지로 자연 상태에서 출발하지만, 로크가 생각하는 자연 상태는 보편적인 자유와 평등의 평화 상태이다. 국가는 계약에 근거하며, 다만 시민의 생명과 자유 및 소유를 보호하려는 목적을 지닌다. 국가는 기본적으로 개인적 소유를 가진 자들의 이익집단이다. 국가가 절대주의로 퇴락하지 않으려면 권력 분립이 필요하다. 주요 권력인 입법권은 시민 내지 의회에 남아 있어야 하고, 왕은 집행권은 물론이고 국가 외교를 대표하는 이른바 동맹권을 보유한다. 왕이 법질서를 훼손하는 경우 그는 국가계약 내지 사회계약을 준수하지 않은 것이므로 자신의 권리를 상실한다. 이런 식으로 계약이 통제되고 해지될 수 있다는 가정을 통해 본래 절대주의적인 계약 모델은 자유주의적으로 변환된다.

　　종교와 교육에 관한 로크의 저술 또한 당대에 매우 큰 영향력을 행사했다. 그는 먼저 1689년 관용에 관한 첫 번째 편지를 출간한 뒤, 1690/1692년에 두 개의 편지를 추가로 출판했다. 거기서 그는 교회와 국가가 첨예하게 분리된 조건 아래에서 모든 종교에 대한 관용을 요구했으나, 오직 가톨릭교도(이들은 외국의 지도자인 교황에게 복종하기 때문이다)와 무신론자만은 예외로 남았다. 종교는 궁극적으로 사적인 문제이며, 교회는 국가와 마찬가지로 뜻을 함께 하는 시민들의 자유로운 결사체이다. 이러한 견해의 토대에는 이성과 (본래적) 기독교가 일치한다는 로크의 확신이 놓여 있으며, 이는 그의 1695년 저작 『기독교의 합당성』(*The Reasonableness of Christianity*)에서도 서술되었다. 그에게 (참된) 기독교는 여전히 다만 신이 보낸 도덕 교사와 입법자에 대한 믿음일 뿐이며, 그런 한에서 이는 참된 종교에서 따라나온 자연 종교에도 해당한다. 이처럼 규범적 이성과 자연으로 회귀하는 계몽의 태도는 교육에 관한 로크의 사상, 즉 1693년의 『교육론』(*Some Thoughts Concerning Education*)에서도 발견되며, 거기서 그는 관습적인 학교 교육을 비판한다. 그의 이상은 사교육을 통해 자립적인 동시에 사회적인 개인으로 양성된 영국 신사이다.

이 모든 저술은 로크가 새로운 유형의 철학자임을 나타낸다. 그는 상위 중산 계급(upper middle class)에 속하며, 상식에 근거하여 모든 종교적 및 형이상학 사변은 물론이고 자연철학적 사변 또한 꺼리고, 광신과 열광 또한 혐오하며, 사람들, 특히 재산과 교양을 지닌 시민들에게 일반적으로 이해하기 쉬운 언어로 진보적인 의미에서 새로운 사회를 향한 자신의 사상을 전파하고 실행을 독려하려 한다. 이런 점에서 그는 이미 수많은 동시대인들에게 새로운 철학적 권위를 지니게 된다. 그는 실로 많은 것을 비판하지만, 항상 급진적인 것은 아니었다. 그 과정에서 그는 잠재적으로 이성적일 뿐만 아니라 진보할 수 있는 종교적이고도 도덕적인 존재로 표상된 인간상을 염두에 두고 있다. 그에게 인간학적 전환은 또한 심리학적 전환의 단초이며, 그의 인식론은 나아가 인지심리학, 말하자면 우리 인식의 타당성의 근거의 발생 과정에 부합한다.

우선 처음에는 로크의 종교철학이 그의 동시대인들에게 영향을 끼친 것처럼 보인다. 그러나 그들은 로크보다 종교에 비판적이었을 뿐만 아니라 급진적이었기 때문에 그들 스스로 원작자인 로크와 자신들의 사상을 구별하려 했다. 이러한 논의 과정에서 한편으로는 자연 종교라는 이념이, 다른 한편으로는 신앙의 자유와 사상의 자유에 대한 권리가 역할을 했다. 종교철학은 종교비판으로 발전했다. 내용 면에서 그것은 이신론, 신 일반, 즉 인격적이지도 역사적이지도 않은, 예를 들어 기적을 통해 인간의 삶에 개입하지 않는 신에 대한 믿음으로 환원되었고, 동시에 자유로운, 궁극적으로는 비(非)기독교적인 사상에 대한 권리의 요구로 급진화되었다. 이러한 뜻을 품고 존 톨런드(John Toland, 1670~1722)는 특히 『신비하지 않은 기독교』(*Christianity Not Mysterious*, 1696)라는 저술을 출판했는데, 이것은 아일랜드 의회에 의해 금지되었으며 공식적으로 그 책에 대한 화형이 집행되었다. 그는 스스로 "자유사상가"(free-thinker)라고 자부했으며, 이미 유물론에 근접했으며, 마침내 자기 자신을 새로운 "범신론적" 종교의 창시자로 여겼다. 앤서니 콜린스(Anthony Collins, 1676~1729)는 『자유사고론』(*A Discourse of Free-Thinking*, 1713)을 저술했으며, 자유로운 생각은 권위로부터 독립적인 생각, 무엇보다 성경에 대한 자립적이고 올바른 이해라고 여겼다. 매튜 틴들(Matthew Tindal, 1653~1733)은 『창조만큼 오래된 기독교』(*Christian as Old as the Creation*, 1730)에서 기독교를 넘어 자연 종교로 돌아가려고 시도했다. 나중에 주교가 된 프랜시스 허친슨(Francis Hutchinson)은 『마녀사냥에 관한 역사적 시론』(*An Historical Essay Concerning Witchcraft*, 1718)을 저술했는데, 그의 저작은 곧이어 1726년 독일어로 번역되었다. 다른 한편, 보수적 정치인 볼링브로크 자작 헨리 세인트 존(Henry St. John Viscount Bolingbroke, 1678~1751)은 개인적으로는 이신론을 선호하면서도 오직 교육받은 계층에게만 자유로운 사고가 허용되기를 바랐다. 대중들은 정치적인 이유로 종교의 지도를 필요로 하기 때문이다.

로크가 간과했던 윤리학 분야에서도 주목할 만한 발전이 일어났고 이는 훗날 영국에 널리 퍼진 도덕감정론을 형성했다. 이미 17세기에도 홉스의 자기중심주의(egoism) 이론의 반대자들이 더러 있었으나, 그것은 18세기에야 비로소 지배적인 도덕철학이나 도덕심리학이 되었다. 새로운 도덕철학의 선구자는 제3대 섀프츠베리 백작 앤서니 애슐리 쿠퍼(Anthony Ashley Cooper, Third Earl of Shaftesbury, 1671~1713)로서, 그는 처음에는 로크의 영향을 받았으나, 근본적으로 플라톤주의를 지향하는 신비적-미학적 철학을 더 선호했다. 따라서 그는 진, 선, 미를 향한 열정이야말로 충만한 삶의 조건이라고 본다는 점에서 로크와 달리 '열광' 개념을 철저히 긍정적으로 이해할 수 있었다. 이로써 그는 미와 선에 대한 인간의 감관, 즉 (대개 하나로 간주되는) 미감과 도덕감의 방법적 분석에 관심을 기울였다. 이제 윤리학은 감정 이론에 기초하게 된다. 도덕은 이성보다 감정에 더욱 의존하기 때문이다. 그러나 자립적인 '신사 철학자'(gentleman philosopher)로서 섀프츠베리는 자신과 동시대에 같은 입장을 지닌 동료들과 마찬가지로 체계적 강단 철학은 물론이고 모든 체계적 사유에 대한 거부감을 가지고 있었고, 자신의 사상을 이를테면『인간, 습속, 여론, 그리고 시대의 특징들』(Characteristics of Men, Manners, Opinions, Times, 1711)에서 시론의 형식으로 전개함으로써 인간을 사회적이고 유덕한 존재로 만들기 위한, 실제 삶과 더 긴밀한 철학을 추구했다.

섀프츠베리의 감정을 강조하는 철학은 곧바로 영국에서 수많은 추종자들을 얻었고 이로써 강단 철학의 틀 안에서도 계속 교육되었으며, 훗날 18세기 후반 독일에도 영향을 끼친다. 주교 조셉 버틀러 (Joseph Butler, 1692~1752)가 신과 양심에 대한 도덕감의 회복을 시도한 반면, 아일랜드 태생이지만 글래스고에서 활동했던 프랜시스 허치슨(Francis Hutcheson, 1694~1746)은 체계적인 도덕 심리학을 정초했다. 이후 스코틀랜드학파의 공동 창립자가 된 그는 새프츠베리가 가끔씩만 사용했던 '도덕감'(moral sense)의 개념을 더욱 진전시켜서 인간에 대한 자연스러운 사랑으로 해석하고 이를 본래적인 아름다움을 향한 감정과 유사한 것으로 고찰한다. 이제 미의 지각에 대한 분석은 점점 더 도덕적 지각이나 경향성에 대한 분석과 나란히 진행된다. 그와 더불어 헨리 흄(Henry Home, 1696~1782)은 특히 미학에 전념했고, 애덤 퍼거슨(Adam Ferguson, 1723~1816)은 주로 윤리적 문제를 다루었으나 『시민사회의 역사에 관한 시론』(*Essay on the History of Civil Society*, 1767)도 저술하는 등 이러한 유형의 철학은 특히 스코틀랜드에서 확산되었다. 나중에 특히 정치저술가로 중요해진 아일랜드인 에드먼드 버크(Edmund Burke, 1729~1797)도 자신의 초기 저작 『숭고와 아름다움의 관념의 기원에 대한 철학적 탐구』(*The Origins of Our Ideas of the Sublime and the Beautiful*, 1757)를 통해 유사한 사상을 전개했다.

새프츠베리와 그의 추종자들의 낙관주의적 도덕감 이론에 대한 원칙적 반대 입장은 무엇보다 런던 의사 버나드 맨더빌(Bernard de Mandeville, 1670~1733)에 의해 대표되었다. 1714년 출간된 『꿀벌의 우화: 개인의 악덕, 사회의 이익』(*The Fable of the Bees, or: Private Vices, Public Benefits*)에서 그는 인간이 근본적으로 이기적이라는 이론을 제시했다. 그에 따르면, 사회적 미덕은 물론 의심할 여지 없이 필요하지만 그럼에도 그것은 개인의 악덕의 위장에 지나지 않는다. 결국 전체 사회는 모든 사람의 이기심, 특히 사치를 추구하는 경향으로 인해 이익을 얻는다. 물론 국가는 이를테면 가혹한 처벌을 통해 범죄가 증가하지 않도록 돌보아야 한다.

이신론자들이 종교철학적 논의를 급진화했고, 새프츠베리가 도덕철학적이면서도 심미적인 논의로 나아갔다면, 인식론 영역에서는 내용상 로크의 주장과 연결되지만 의도 면에서는 도리어 로크의 계몽적 의도와 상반되는 중요한 진전이 일어났다. 무엇보다 선교사이자 주교로 활동한 아일랜드의 조지 버클리(George Berkeley, 1685~1753)는 근대의 종교비판적 계몽주의자들을 "하찮은 철학자들"(minute philosophers)이라 부르며 경멸했다. 근대 자연과학조차 그에게는 단지 피상적 지식일 뿐이었다. 그의 이론적 출발점은 의식되는 표상들, 곧 '지각들'(perceptions)이 있다는 사실이다. 특히 그가 1710년 『인간 지식의 원리론』(*Treatise Concerning the Principles of Human Knowledge*)에서 발표한 이론에 따르면, 본래 오직 자기 자신에게 의식되는 확실한 영혼 또는 정신만이 존재한다. 우리는 물론 신체에 관한 표상들을 가지고 있지만, 사물들은 오직 현상일 뿐이다. 즉 그것의 존재는 다만 지각되거나 표상될 뿐이다. 물리적 세계가 실제로 현존한다는 증거는 없다. 그런 점에서 '존재함은 지각됨 또는 지각함이다'(*Esse est percipi aut percipere*). 우리의 표상들의 유일한 실제적 외부 원인은 오직 전능한 정신, 따라서 신 자체일 수 있다. 이러한 현상주의(영성주의 또는 유심론)를 옹호함으로써 버클리는 회의주의와 유물론에 맞서 싸우고 신과 참된 신앙을 변호하려 한다. 이러한 종교적 맥락에서 버클리의 후예를 찾기는 어렵지만, 그의 논증적 구조에 따른 인식론적 비판은 인식론의 진보에서 중요한 단계를 이루었다.

　버클리의 "건전한 형이상학"은 본질적으로 의식의 분석이며, 그런 점에서 인간학과 심리학에 기반을 두기 때문에, 설령 다른 의도가 있었다 하더라도, 그는 자신이 대결하던 새로운 철학의 영토에 이미 서 있었다. 비록 세부사항에서 논쟁의 여지가 있더라도, 철학적 논의는 이미 18세기 초 영국에서 인간의 영혼 내지 의식에 기본적으로 초점을 맞추고 있었다. (신학은 물론 자연철학까지) 오래된 형이상학의 물음은 이제 시대에 뒤처졌다. 인간학은 형이상학을 초과하고 심리학, 특히 도덕적 및 심리적 가치평가의 심리학은 형이상학의 새로운 대안이 된다. 근대 자연과학은 일반적으로 높이 평가받고 있지만, 이제 경험적 연구자들에게 맡겨진 동시에 (오래된 형이상학적 관점에서 볼 때에는) 참된 학문과는 구별되는 순전히 현상적 인식이 된다. 경험적 인식은 다만 일시적이거나 피상적인 지식만 제공한다. 그런 점에서 경험주의는 이미 일찍이 자기 자신 너머를 가리킨다. 이로써 이른바 우리가 가진 인식의 타당성 문제는 점차 긴급해진다. 이는 도덕의 토대 문제에도 유사하게 적용된다. 종교와 정치에서 이신론과 자유주의가 전반적으로 자명해진 반면, 윤리학의 토대는 여전히 논쟁적이며, 이는 점점 더 미학의 토대 문제와 연관된다. 의식의 참된 도덕적 사실은 무엇인가? 그리고 (만약 그런 것이 있다면) 그것은 도덕을 '도덕감'(moral sense)으로 환원하기에 충분한가? 이 모든 문제가 18세기 중반도 되기 전에 영국 철학을 위기로 몰아넣고 있었다.

　데이비드 흄(David Hume, 1711~1776)은 에딘버러에서 태어나 그곳에서 얼마간 법학을 공부한 뒤, 프랑스에서 살면서 자신의 첫 번째 철학적 저작인 『인성론』(*A Treatise of Human Nature*)을 저술했다.

그것은 1739년과 1740년에 두 부분으로 나뉘어 출간되었으나 바라던 만큼의 명성을 얻지는 못했다. 또한 그는 에딘버러 대학의 도덕철학 교수직에 지원했으나 실패했다. 그런 다음, 그는 자신의 저서를 수정하여 더 작은 논문들로 나누어 펴낸다. 일찍이 저술한 『도덕과 정치에 관한 시론』(*Essays: Moral and Political*, 1741/1742)이 그랬듯, 이 논문들은 더 큰 주목을 받았고, 그중에서도 가장 중요한 것은 『인간 지성에 관한 탐구』(*Enquiry Concerning Human Understanding*, 1748)였다. 글래스고에서 다시 한 번 교수직에 지원했으나 허사로 끝난 뒤, 흄은 에딘버러 도서관에서 몇 년간 사서로 일하며 특히 역사 연구에 몰두했다.

흄 역시 건전한 인간 지성(상식)의 관점에서 철학을 발전시키려 시도하며, 따라서 모든 강단 철학, 특히 모든 형이상학을 반대한다. 그는 있는 그대로의 인간을 위한 철학을, 그리고 있는 그대로의 인간에 대한 탐구를 추구한다. 그에게 철학은 본래 분석적 인간학이다. 하지만 흄은 또한 한편으로 사고와 행위의 원리를 다루는 추상화된 전문철학, 다른 한편으로 인간의 상식에 호소하는, 대중적이고 실천적인 미덕교사에 근접하는 매력적인 철학 사이에서 중간 지점을 찾고 있다. 그런 식으로 원칙적일 뿐만 아니라 상식적인 철학은 정치와 도덕을 위해서도 진정 공공의 이익이 될 테지만, 무엇보다 건전한 회의를 통해 미신과 싸우는 데에도 도움이 될 것이다. 그럼에도 흄은 때때로 그러한 (인간학적) 원리의 인식을 가리켜 "건전한 형이상학"이라고도 부른다. 그는 기꺼이 도덕과학(moral sciences) 영역에서 뉴턴이 되길 바랐다.

흄의 인식론은 우리의 인식의 한계를 규정하기 위해 우리의 표상의 원천을 탐구한다. 그는 감관 인상(impressions)과 관념(ideas)을 구별하고 모든 관념을 외부 경험으로 환원한다. 우리의 관념은 다만 우리의 감관 인상에 대한 약한 기억 표상일 뿐이며, 사유는 이러한 관념들에 다만 질서를 부여할 수 있을 뿐이다. 이로써 경험주의는 감각주의로 이행하며, 지성은 순전히 종속적인 도구가 된다. 우리의 모든 표상들의 연결은 이제 연상 법칙, 즉 유사성, 시간과 공간 및 원인과 결합의 연관에 따라 발생한다. 하지만 인과율의 관념은 습관, 즉 반복된 경험으로 환원될 수밖에 없다. 이로써 모든 인식의 확실성은 근본적으로 동요한다. 과학적 인식의 타당성, 심지어 외부세계의 현존과 관련하여, 이제는 오직 '완화된 회의주의'(mitigated skepticism)만이 가능한 것 같다. 그러나 그런 점에서 인식의 출발점인 경험, 따라서 감각주의로 발전된 경험주의조차 문제적이게 된다. 다른 한편, 흄에게 우리의 인식의 타당성에 대한 그러한 의심은 순수하게 이론적이다. 생활세계는 물론이고 과학에서도 사물의 현존 및 이를 규정하는 인과성에 대한 자연적 믿음으로 충분하다는 것이다. 그런 점에서 회의주의가 된 계몽주의는 일상적 실천과 관련하여 새로운 실증주의로 변모하며, 형이상학에 대한 경험주의의 적개심은 사실상 보편 이론에 대한 적개심이라는 것이 점점 더 분명해진다. 그러나 흄에 의해 주장된 인식이 인식으로서 갖는 인식론적 지위는 여전히 불명료하게 남는다.

영국 계몽 철학의 역사는 종종 로크에서 버클리를 경유하여 흄까지의 인식론이나 경험주의의 역사로 서술된다. 하지만 일반적으로 근대 인식론 내지 학문이론적 관점에서 수행된 이러한 서술은 인식론이 당대의 철학적 논의의 극히 일부에 지나지 않으며 각 이론의 동기가 천차만별이었다는 사실을 은폐한다. 인간 지성이나 인간 본성에 대한 그들의 연구의 의미는 어느 정도는 그들이 밝힌 의도로부터 비로소 이해된다. 로크의 의도가 독단주의에 맞서는 것이었다면, 버클리의 의도는 자유사상에 대항하는 것이었다. 반면 흄은 이미 로크와 버클리, 말하자면 계몽과 대항계몽을 비판적이고도 회의적으로 고찰한다. 그는 사실상 모든 확실한 인식에 대한 의심을 통해 모든 계몽의 본질적 전제를 약화시킨다.

윤리학에서 흄은 이미 섀프츠베리와 그의 후계자들이 택한 심리학적 분석의 길로 계속 접어들었으나, 여기서도 명확히 회의적으로 접근한다. 그에게 도덕은 이성에 근거하지 않으며, 도리어 그 자체로 경향성과 정념에 의존한다. 이른바 이성은 다만 완화된 정동일 뿐이며, 자유는 가상이다. 그럼에도 인간은 반성의 도움으로 자신의 이기주의를 억제함으로써, 따라서 폭력보다는 미덕을 통해 더 많은 것이 성취됨을 인식할 수 있다. 그러므로 도덕의 토대는 자신의 참된 이익에 대한 인식이다. 하지만 흄은 이타적 충동도 있다고 인정함으로써 다시 이러한 공리주의를 넘어선다. 우리 안에는 선과 유용성에 대한 일종의 자연적 감정, 즉 타인에 대한 호의의 감정이 있으며, 본성상 우리에게 내재한 바로 이 감정이 우리가 유덕해지도록 동기를 부여한다. 도덕철학적 실증주의의 경향을 가진 이러한 도덕심리학은 오늘날 그 중요성이 더 커지고 있는 스코틀랜드학파에서 계속 논의된다.

동시대인들은 또한 종교철학에 대한 흄의 공헌을 중요하게 여겼다. 그는 처음에 (이미 1751년부터 저술했으나, 당시에는 공개할 의도가 없었기 때문에, 그가 죽은 후 3년 뒤에야 출간된)『자연 종교에 관한 대화』(*Dialogues Concerning Natural Religion*, 1779)에서 이신론에 의해 제기된 인격적 신의 현존과 인식 문제를 매우 회의적으로 논했다. 그러나 그 다음 저서 『종교의 자연사, 정념에 대하여, 비극에 대하여, 취미의 기준에 대하여』(*The Natural History of Religion, of the Passions, of Tragedy, of the Standard of Taste*, 1757)에서 그는 종교 자체를 역사적인 것으로, 정확히 말하면 자연사로 간주했다. 그에 따르면, 다신교는 불안과 염원에서 비롯된 모든 종교성의 원천적 형식이었으며, 유일신교는 자기 신을 최고의 존재로 표상해야 할 필요에서 나왔다. 따라서 그에게 서로 다른 종교의 비교는 그 내용 및 형식과 관련하여 다만 회의에 이르게 했고, 이렇게 해서 그는 철학으로 인도될 수 있었다.

흄의 철학은 특히 그의 고향 스코틀랜드에서 광범위한 토론의 계기를 제공했다. 그것은 아마도 영국, 더 정확히 말하면, 스코틀랜드의 후기 계몽의 가장 중요한 출발점을 이룬다. 스코틀랜드의 후기 계몽은 에딘버러 대학에 집중되어 있으며 이전의 잉글랜드의 계몽과 대조적으로 훨씬 더 학술적 성격을 지닌다. 하지만 그것은 여전히 자신의 출발점을 고수하며, 따라서 반형이상학적이고 심리학적인 면이 강조된다. 스코틀랜드 계몽에서는 무엇보다 상식(common sense)과 도덕감(moral sense)이 이론적으로 깊이 고찰된다. 흄의 가장 중요한 후예는 그의 친구 애덤 스미스(Adam Smith, 1723~1790)와 그의 주된 논적 토머스 리드(Thomas Reid, 1710~1796)였다.

글래스고 대학의 교수였던 애덤 스미스는 본래 도덕철학자였고, 인간이 본성상 이기적일 뿐만 아니라 또한 타인에게 공감한다고 가정했다. (스미스의 『도덕감정론』(*The Theory of Moral Sentiments*, 1759)에 따르면) 선(善)이란 '공정한 관찰자'(impartial spectator)가 보기에 선한 것이다. 하지만 스미스는 1776년 출간한 『국부론』(*Inquiry into the Nature and Causes of the Wealth of Nations*)의 경제학 이론으로 유명해졌고, 이 저작으로 자유주의 경제학의 창시자가 되었다. 스미스에 따르면, 모든 인간은 소유욕을 타고났으며, 이로부터 유래한 노동은 모든 부의 원천이자 척도이다. 모든 사람이 자신의 고유한 이익을 추구해도 되고 이러한 힘의 유희가 방해받지 않으면, 각자의 자기중심주의는 마치 '보이지 않는 손'(invisible hand)에 의해 인도되듯 자연스럽게 균형을 이룰 것이다. 제러미 벤담(Jeremy Bentham, 1748~1832)은, 자신보다 선구적인 사상가 허치슨과 마찬가지로, 최대 다수의 최대 행복이 선의 기준이라고 설명함으로써, 이러한 사회철학을 공리주의적이고도 실증주의적으로 발전시켜 19세기 사상에 결정적 영향을 끼쳤다. 오늘날에도 벤담은 무엇보다 ['판옵티콘'(Panopticon)이라는] 교도소 개혁 구상으로 유명하다.

흄의 인식론적 회의주의가 불합리하다고 논박한 토머스 리드 역시 본래적 도덕감정과 심미적 취미의 관념을 고수했는데, 그는 이 사상을 인식 능력의 논리에도 그대로 적용했다. 『인간 마음에 관한 탐구』(*An Inquiry into the Human Mind on the Principle of Common Sense*, 1764)에서 리드는 우리의 인식 능력 역시 어떤 공리들, 이른바 상식의 원리를 보유하고 있거나 내적 경험을 통해 발견할 수 있다고 가정했다. 예컨대, 논리적 근본 법칙이나 인과 원리가 이에 해당한다. 진·선·미에 대한 이러한 원천적 감각은 내적 경험에 의해 인식 가능한 의식의 사실, 즉 '상식'이다. 이렇게 해서 영국 계몽은 결국 어떤 면에서는 로크가 처음에 반대했던 본유관념으로 되돌아갔지만, 그것은 이제 순수하게 심리학적 사실로 간주된다.

3. 도덕 산문에서 고딕 낭만주의까지

문학과 철학이 대개 매우 밀접하게 연관된 프랑스와 달리, 영국에서 양자는 계몽의 정신에 상당 부분 동의하더라도 서로 명확히 분리되어 있다. 한편으로는 예술과 문학의, 다른 한편으로는 철학의 공통 관심 분야인 미학조차 실제적 결합을 이루어 내지는 못했다. 철학적 미학은 대개 너무 일반적이어서 문예미학의 구체적 문제를 위해 사용될 수 없었다. 철학의 주체중심적 미학은 예술과 문학에서의 객체지향적 미학에 실천적으로 개입하지 않았다. 이리하여 처음부터 예술과 문학은 전통적인(고전주의나 신고전주의의) 내용과 형식부터 근대적(낭만적) 내용과 형식에 이르기까지 철학과 별개로 고유한 길을 개척했다.

명예혁명 이후 처음 수십 년은 물질적 및 정신적 도약의 시기였다. 비록 프랑스와의 전쟁에 큰 비용과 많은 병력이 투입되었지만, 군사 및 외교 정책의 성공은 결국 경제적으로도 이득이 되었다. 한 세대를 지나기 전에 영국은 봉건적이고 정치적인 동시에 종교적인 사회로부터, 시민적이고 초기 자유주의적인 동시에 초기 자본주의적인 강세를 띤 이익사회, 무엇보다 상업에 의해 좌우되는 사회로 전환되었다. 귀족적 생활 방식은 여전히 문화적 모범으로 여겨졌지만, 상급 귀족은 현저히 권력을 잃었다. 동시에 자기이익 중심의 경제적 사고는 더는 단순히 과학적 진보가 아니라, 점점 더 경제적이고 기술적인 진보를 추구하기 위해 일반적으로 용인되는 동기가 되었다. 이로써 새로운, 자기의식적인 시민적 생활양식도 형성되었다. 영국에서 특히 두드러진 새 시대의 산문정신이 철학뿐만 아니라 문화 전반에 퍼져 갔다. 그것은 오래되고 귀족적이고도 종교적인 생활세계를 파괴한 동시에 새로운 세속적 시민문화를 가능하게 했으며, 이로써 전 세계적으로 성공을 거둔, 완전히 새로운 유형의 문학도 가능하게 했다. 그럼에도 불구하고, 17세기의 고전주의는, 물론 그것이 점차 귀족주의로부터 시민적인 방향으로 변화했지만, 많은 영역에서, 특히 조형예술은 물론이고 문학에서도 여전히 규범적 모델로 남아 있었다.

그러나 문학은 매우 다르게 발전했다. 계몽의 시대 전반부에 서정시는 극히 드물었다. 비극은 물론이고 저급 희극과 같은 위대한 연극의 시간도 이제 지나간 것처럼 보였다. 하지만 희극에 대한 관심과 비극에 대한 관심 사이에는 분명 차이도 있었다. 조지 릴로(George Lillo, 1693~1739)의 『런던 상인』(*The London Merchant*, 1731)과 같은 산문에서의 시민적 비극에 대한 초기 시도는 처음에 거의 반향이 없었던 데 비해, 존 게이(John Gay, 1685~1732)가 이탈리아 오페라를 패러디한 『거지 오페라』(*The Beggar's Opera*, 1728)는 곧바로 세계적인 성공을 거두었다. 분명히 비극은 질서와 이성을 지향하는 시민적 삶의 감정에 걸맞지 않았으며, 이러한 감정에 대한 거부감으로 인해 드라마보다는 풍자시나 멜랑콜리적 정서가 더 두각을 나타낼 수 있었다. 그러나 행복과 도덕에 대한 시민적 표상의 취약성은 거지 오페라에서도 이미 뚜렷해진다.

감정과 상상력에 더 많이 호소하는 서정시와 드라마와 달리, 고도로 지성에 호소하는 교훈시는 새로운 시대정신에 특히 더 일치하는 것 같다. 다만 이성적인 것과 유용한 것을 우아하게 공식화하거나 쾌적하게 포장하는 것이 중요해 보인다. 알렉산더 포프(Alexander Pope, 1688~1744)는 이론의 여지 없이 교훈시의 대가로 인정받았다.

다섯 살 때부터 수사학적 우아함이라는 고전주의적 이상에 매료된 그는 『비평론』(Essay on Criticism, 1711)에서 이러한 이상을 적합한 시구로 나타내려고 시도했다. 어린 시절 병을 앓은 뒤 불구가 되어 고등교육에서 거의 완전히 배제된 가톨릭교도로서 그는 자연과 이성(good sense, common sense)을, 그리고 고대적 모범과 좋은 교육(good breeding)을 찬양했다. 그에게 예술은 이미 모범적인 고대에서 똑같이 그랬듯이 질서정연하고 모범적인 자연의 모방으로 이루어진다. 나중에 더 유명해진 교훈시 『인간론』(An Essay on Man, 1733/1734)에서 포프는 영국 계몽의 중심 의도를 다음과 같이 제시했다. "인류에 대한 적합한 연구는 인간이다"(The proper study of mankind is Man). 그러나 인간은 존재하는 모든 것으로 이루어진 거대한 사슬 가운데 하나의 고리일 뿐이며, 모든 존재의 전체적 조화 속에서 사소한 악은 상쇄될 수 있다. 덕, 즉 자기애와 이웃 사랑의 통일은 인간을 행복하게 만들 것이다. 게다가 우리는 새로운 과학이 새로운 빛을 선사하는 시대에 살고 있다. "자연, 그리고 자연법칙은 밤에 숨겨져 있다. 신은 말했다. 뉴턴이여 있으라! 그리고 모든 것이 빛이었다"(Nature, and Natures Law lay hid in Night, God said: Let Newton be! and all was Light). 제1원인을 다루던 형이상학으로서의 철학은 이제 2차 원인만을 다루는 물리학에 자리를 내주었다.

그러나 포프가 보여 준 자기 확신은 다만 그 자신의 성격의 일면이며, 완벽한 형식의 고전주의도 그의 재능의 일면일 뿐이다. 역설적이게도 사회에 대한 그의 거리 두기, 특히 근대 이익사회에 대한 그의 '귀족적' 경멸은 그를 날카로운 펜으로 인간의 나약함을 조롱하는 위대한 냉소가이자 풍자가로 만든다. 익살스럽고 희극적인 영웅 서사시『머리채 겁탈』(*The Rape of the Lock*, 1712)에서 그는 바로크적 영웅 서사시를 풍자하여 큰 성공을 거두었다. 후기 풍자시『우인열전』(*The Dunciad*, 1728)에서 그는 자신의 비평가들을 바보(dunces)라고 조롱한다. 여기서 그는 심지어 어리석음과 우매함의 새로운 시대의 도래를 예견한다. 그러나 포프는 감상적인 자연시도 쓸 수 있었다. 그는 자신의 거주지의 정원을 나중에 유명해진 인공 동굴이 있는 이른바 영국식 정원으로 바꾸었다.

교훈시는 18세기의 발명품이 아니라 기본적으로 이미 사멸해 가는 예술형식이었다. 미래적 예술형식에 해당하는 것은 영국에서 이미 포프의 시대에, 특히 정기간행물에서 장려되는 '시론'(Essay)이었다. 이러한 도덕주간지(moral weeklies)는 영국 계몽의 특히 전형적이고 효과적인 산물이다. 이러한 도덕주간지는 독자들에게 교훈과 재미를 제공하길 바라며, 특히 덕의 함양을 의도한다. 그리하여 부분적으로 이성에 기초하여 영적인 안내를 대체한다. 하지만 새로운 정치적 저널리즘이 나타나기 시작한 영국의 경우, 주간지들은 대륙의 경우를 모방하기보다는 훨씬 더 정치적인 특징을 드러냈다. 이는 1695년에 엄격한 검열법(Licensing Act)의 폐지와 더불어, 그리고 이제 더 빈번하게 기대되는 의회 선거를 통해 가능해진 일이다. 주요 정당의 지도자들은 곧 유능한 언론인들을 매수해야 할 필요성을 인식했다. 그들 중 일부는 동시에 토리당과 휘그당 양편을 위해 기고했다.

다니엘 디포(Daniel Defoe, 1660~1731)는 중산층 출신으로서 비국교도의 아들이었고, 불완전한 학교 교육만을 받았으며, 평생을 모험가이자 불온한 정신으로 살았다. 그의 최초의 문학적 시도 중 하나는 운율을 지닌 풍자시『순수 혈통의 영국인』(*The True-born*

Englishman, 1701)이었고, 이 작품에서 그는 오라녜 공 출신인 국왕 윌리엄 3세에 대한 민족주의적 선입견을 풍자하여 큰 성공을 거두었다. 앤 여왕(Queen Anne, 1702~1714 재위)의 즉위 이후 잉글랜드 국교회 내부에서 국교 반대파에 대항하는 선전 활동이 시작됐을 때, 그는 두 번째 풍자시 『비국교도를 없애는 지름길』(*The Shortest Way with the Dissenters*, 1702)을 저술했다. 토리당은 처음에 이 작품을 진지한 저술로 오해했으나, 나중에 풍자시라는 진실이 밝혀지자 그를 감옥에 가두고 칼을 채웠다. 한 토리당 장관이 마침내 그를 석방하고 새로 창간된 잡지 『리뷰』(*The Review*)의 필진으로 고용했고, 디포는 그때부터 여기에 약 9년(1704~1713) 동안 글을 썼다. 이 잡지는 정치적인 문제 외에 일반적인 사회문제도 다루었다. 이를테면 런던 곳곳에 생겨난 새로운 커피하우스에 대해 논하기도 했다.

이렇게 해서 영국 저널리즘, 특히 도덕주간지의 전성기가 시작된다. 그러나 그것은 고등교육을 받은 공직자였던 조지프 애디슨(Joseph Addison, 1672~1719)과 전직 군인이었던 리처드 스틸(Richard Steele, 1672~1729)이라는 의외의 2인조에 의해 비로소 고전적 형식을 갖추었다. 다른 분야에서도 문학적 저술 활동을 했던 이 두 작가는 먼저 스틸의 주도로 정기간행물 『태틀러』(*The Tatler*, 1709~1711)를 펴낸 다음, 일간지 『스펙테이터』(*The Spectator*, 1711~1712)를 공동으로 발간했다. 『태틀러』는 아직 정치에서 유행에 이르기까지 여러 소식과 논고의 다채로운 혼합이었던 반면, 『스펙테이터』는 전적으로 문예비평에 집중했고, 단순한 시론뿐만 아니라 서간문 또한 장려되었다. 철저한 가상 인물 내지 인물 군상은 숙고할 주제를 직관적으로 또렷하고 흥미롭게 만든다. 이러한 공동의 시도 이후 스틸은 다시 단독으로 『가디언』(*The Guardian*, 1713)을 단기간 발간했으나, 이전의 것만큼 성공적이지는 않았다.

당시 많은 모방물이 성행했음에도 불구하고, 도덕주간지는 개별 잡지의 경우도 그렇지만, 장르 자체를 고려할 때에도 비교적 수명이 짧았다. 그것들은 초창기에 의심의 여지 없이 새로운 여론(public opinion)의 형성에서 중요한 역할을 했다. 그것들은 정신적 선전의 목적뿐만 아니라 새로운 철학의 전파에도 기여했다. 애디슨은 『스펙테이터』에서 "저는 골방과 도서관에서, 학교와 대학에서 철학을 끄집어내어 클럽과 모임에, 티 테이블과 커피하우스에 퍼트렸습니다"라고 자부했다. 도덕주간지는 독자들의 지성적 문화, 특히 도덕적 문화를 돌봄으로써, 상이한 교파로 나뉜 교회가 더는 수행할 수 없을 것으로 보이는 과제를 도맡았다. 게다가 그것은 학교의 정규 교육과정에서 여전히 배제되었던 여성들의 교육의 주요한 원천이었다.

하지만 영국의 계몽 문학의 가장 중요하고도 여전히 영향력 있는 성과는 작가 자신에 의해 "새로운 종류의 저술"로 이해된, 시민계급적 소설의 발명이었다. 매우 짧은 기간 내에 일련의 걸작들이 창작되었고, 이는 운율을 지닌 궁정 서사시를 대체하는 새로운 종류의 산문문학으로 오늘날까지 확립되었다. 느슨하면서도 모범적으로 경험될 수 있는 형식은 고전적 사랑 이야기와 모험 이야기를 넘어서서 도덕적 및 심리학적 관점을 포함하여 온갖 종류의 고찰을 위한 충분한 여지를 제공했다. 하지만 초기에 소설은 운율이 없는 모험 이야기와 풍자적 산문의 형태로 나타났다.

최초의, 아마도 대단히 재능을 지닌 이야기꾼은 언론인이자 풍자 작가였던 다니엘 디포였다. 그는 특히 『전염병 일지』(*A Journal of the Plague Year*, 1722)로 자신의 놀랄 만한 감정이입 능력을 증명했다. 그는 흥미진진한 이야기, 상세한 묘사, 그리고 교화적이거나 교육적인 상술의 능숙한 결합으로 대중을 사로잡았다. 1719년 연작소설로 출간된 『로빈슨 크루소』(*Robinson Crusoe*)는 엄청난 성공을 거두었다. 디포는 무인도에 표류하게 된 잉글랜드 소시민의 이야기를 들려주는데, 거기서 모험가는 경건하고 유덕한 인간으로 변모하고, 심지어 미개한 야만인도 단정한 기독교인이자 영국 신사의 순종적인 하인으로 변모한다. 디포는 자신의 소설을 사실의 보고서로 출판했으나, 동시에 그 작품은 허구적 여행소설이라는 상이한 의도를 가진 것으로도 모방될 수 있었다.

다니엘 디포와는 완전히 다른 인물이자 이야기꾼인 조너선 스위프트(Jonathan Swift, 1667~1745)는 아일랜드 출신으로서 잉글랜드 국교회 사제였으며, 대학교육을 받은 덕택에 사회의 상류층에 속했다. 하지만 그의 강압적 합리주의와 도덕주의로 인해 사람들은 그와의 교류를 대단히 꺼렸다. 그는 무엇보다 풍자 작가였다. 물론 잠시 언론인으로 활동했을 때, 그는 휘그당에서 토리당으로 이적한 뒤, 당 기관지 격인 신문 『이그재미너』(*The Examiner*, 1710/1711)를 펴내며 정치인으로서 경력을 쌓길 희망하기도 했다. 1704년 그는 익명으로 두 편의 풍자 소설, 즉 『책들의 전쟁』(*The Battle of the Books*)과 『통 이야기』(*A Tale of a Tub*)를 출판했다. 문학적 풍자물인 『책들의 전쟁』은 프랑스에서 20년간 이어진 고대인 대 근대인의 우위 논쟁을 역설적으로 표현한다. 근대적 지성인을 경멸하면서 스위프트는 자신의 참된 자연 본성에 더 가깝다고 여긴 고대인의 편을 들었다. 일부는 종교적 풍자물이고 또 일부는 문학적 풍자물인 『통 이야기』는 영국의 종교집단에 대한 비판이자 근대 과학에 대한 비판이다. 그가 보기에는 종교인들이 지나치게 광신적이듯, 과학자들도 지나치게 현학적이고 망상적이기 때문이다.

토리당이 패배한 뒤 스위프트는 1714년 마침내 더블린으로 귀향하여 아일랜드의 정치적 변호에 힘쓰면서 무엇보다 그의 가장 위대한 풍자 소설을 집필했고, 이 작품은 1726년 『걸리버 여행기』(*Gulliver's Travels*)라는 제목을 달고 익명으로 출판되었다. 이 상상의 여행기는 무엇보다 소인국 릴리퍼트(Liliput)와 거인국 브롭딩넥(Brobdingnag)부터 마지막으로 오직 문명화된 이성을 통해 인도될 수 있는 철학적인 말들의 나라 휴이넘(Houyhnhnms)을 포함하여 여러 낯선 땅을 탐험한 걸리버의 가상 여행에 대해 보고한다. 이러한 세계를 묘사함으로써 스위프트는 인간을 전부 절대적으로 사악하고 역겹고 비이성적인 모습으로 그리는 관점을 획득한다. 이성과 도덕의 요구는 그를 비관주의로 인도하고, 이는 결국 정신 착란으로 이어졌다.

스위프트와 디포는 서사 예술, 특히 영국 소설이 융성할 수 있는 토대를 마련했다. 하지만 새뮤얼 리처드슨(Samuel Richardson, 1689~1761)과 헨리 필딩(Henry Fielding, 1707~1754)의 기획은 이미 다른 시대로 접어들었다. 말하자면 이미 1740년경 상식에 대한 희망과 자연적 도덕에 대한 희망의 낙관주의적 결합은 분명히 느슨해지기 시작한다. 철학자들 외에 다른 이들도 점점 더 경험에 기초한 이성의 인지력을 의문시하는 것처럼 보이며, 덕은 감정이 풍부한 영혼의 문제처럼 보인다. 철학과 문학은 새로운 길을 개척한다. 영국에서 철학과 시 문학은 원래부터 뚜렷하게 갈라져 있었지만 18세기 중반에는 부분적으로 정반대 방향으로 발전하는 것 같다. 철학과 과학은 점점 더 실증주의적으로, 문학은 점점 더 감상적이면서도 낭만적인 쪽으로 변해 갔다. 그러나 어쩌면 이것들은 바로 서로를 보충하는 발전일 수도 있다. 아마도 철학의 실증주의적 과학화 경향이 이미 성장하는 산업 사회의 새로운 현실을 반영하고 있다면, 시 문학은 먼저 도덕적 감수성으로, 그다음에는 멜랑콜리한 자연 서정시와 암흑 낭만주의[2]로 대안적 세계의 창조를 시도한다. 그럼에도 간과해서는 안 되는 것은 철학과 문학이 지각의 연구에서 공통의 대상을 보유한다는 점이다.

새뮤얼 리처드슨은 (교화적인) 모험 이야기에서 영적 소설로 한 단계 진보한다. 소시민 계층에서 태어나 인쇄업자와 출판업자로서 부를 축적한 그 역시 도덕주간지의 애디슨과 스틸처럼 서간문을 하나의 문학 형식으로 선호한다. 그는 『모범서한집』(*The Familiar Letters on Important Occasions*, 1741)을 쓴 뒤, 급기야 서간체 소설을 구상한다. 거기서 그는 거의 전적으로 미덕의 가능성, 특히 유혹을 받거나 박해받는 여성의 순수성을 주제화한다. 그가 묘사하는 미덕은 물론 이성에 대응하며 정념의 통제를 요구하지만, 동시에 바로 눈물을 흘리는 감정("덕의 감수성")의 대상이다. 미덕과 보상의 속물적 도덕적 계산까지 포함하여 모든 실천적 질문들 앞에서 상식은 깊은 감수성 및 정확한 자기 관찰과 결합된다. 이러한 관점에서 여성이 최초로 소설의 중심에 자세하게 등장하지만 그녀는 자립적으로 행위하

---

2 [옮긴이] 암흑 낭만주의(dark romanticism) 또는 고딕 낭만주의(gothic romanticism)는 낭만주의 문학의 하위 갈래이다. 낭만주의가 행복한 희열과 장엄한 숭고를 예찬한 것과 반대로, 암흑 낭만주의는 우울과 몽상, 정신병, 범죄, 그로테스크 등에 대한 강렬한 매혹을 주제화한다.

는 인격이라기보다는 거의 전적으로 고통받고 반응하는 희생자이다. 이에 비해 대부분의 악한 남자들은 도리어 불분명하게 남아 있다. 하지만 리처드슨은 그의 시대에 중요한 발전을 성취한다. 무엇보다 그는 소설 『파멜라 또는 미덕의 보상』(*Pamela; Or, Virtue Rewarded*, 1740)을 저술한다. 부도덕적인 주인에게 괴롭힘을 당하는 어린 소녀는 모든 유혹과 박해에 용감하게 저항하고 마침내 자신의 고용주를 회개하게 한다. 그 보상으로 여주인공은 그와 결혼하여 두 사람의 미덕과 행복이 놀라운 방식으로 결합하게 된다. 전 7권으로 구성된 그의 후기작 『클라리사 또는 한 젊은 여인의 이야기』(*Clarissa; Or, the History of a Young Lady*, 1747~1748)는 유덕한 두 젊은 여성과 사악한 두 남성의 갈등을 그린 작품이다. 거기서 유혹에 승리한 자는 실로 행복해지는 것이 아니며, 무엇보다 순진무구하지만 의연하지 못한 여주인공은 비극적인 죽음으로 일생을 마친다. 이로써 "덕의 감수성"(Tugendempfindsamkeit)은 새로운 멜랑콜리적 강세를 획득하며, 내세에서 이루어질 정의의 전망을 통해 간신히 균형이 이루어진다.

헨리 필딩은 런던의 치안판사였다. 그는 모럴리스트(moralist)이기도 했으나, 세상에 만연한 도덕의 위선을 꿰뚫어 보고 매우 관대하면서도 자연적으로 이해되는 도덕을 변호했다. 그의 첫 소설 『조지프 앤드루스와 그의 친구 에이브러햄 애덤스 씨의 모험기』(*The History of the Adventures of Joseph Andrews and of his Friend Mr. Abraham Adams*, 1742)는 처음에는 리처드슨의 『파멜라』의 패러디로 계획되었으나, 여주인공의 유혹을 피해 달아나는 유덕한 남자 주인공의 희극적 모험을 묘사한다. 그러나 그의 곁에 우스꽝스러운 모습으로 공감을 자극하는 세상 물정에 어두운 영국의 시골 목회자가 등장함으로써 새로운 인간적 차원이 드러난다. 다른 한편, 파란만장한 소설『업둥이 톰 존스 이야기』(The History of Tom Jones, a Foundling, 1749)의 주인공은 많은 잘못을 저지르게 되지만, 필딩에 따르면 "선한 본성"(good nature)을 지니고 있어서 또한 행복한 결말을 통해 보상받는다. 이러한 다소 희미한 도덕관은 무엇보다 사회의 사이비 도덕의 희극적 폭로와 환상적 소설 이야기에 덮여 드러나지 않는다.

당대 가장 저명한 영국 문학비평가인 새뮤얼 존슨 박사(Dr. Samuel Johnson, 1709~1784)가 이미 밝혀냈듯이, 대중이 가장 애호하는 장르는 이제 소설이라는 점이 분명해졌다. 존슨도 도덕주간지에 기고한 자신의 문학적 시론으로, 즉 처음에는 자신이 펴낸 주간지『램블러』(The Rambler, 1750~1752)로, 그다음은『유니버설 크로니클』(Universal Chronicle, 1758~1760)에 연재된 '한담가'(The Idler) 칼럼으로는 물론이고 최초의『영어사전』(Dictionary of the English Language, 1755)의 저자로 유명했으나, 풍자시집『인간의 덧없는 소망』(The Vanity of Human Wishes, 1749)의 성공은 상대적으로 보잘것 없었다. 확실히 18세기 영국 소설은 리처드슨과 필딩과 함께 거의 정점에 이르렀다. 도덕적 모험 소설의 노선은 토비아스 스몰렛(Tobias Smollett, 1721~1771)의 작품으로 계속 이어졌는데, 그의 작품『로더릭 랜덤의 모험』(The Adventures of Roderick Random, 1748)이 유명하다. 감상적인 심리소설의 노선은 올리버 골드스미스(Oliver Goldsmith, 1728~1774)로 계승되었는데, 그의 작품『웨이크필드의 목사』(The Vicar of Wakefield, 1766)는 충만한 덕과 애절함의 결합을 거의 능가할 수 없는 정점까지 몰고 간다. 하지만 그 사이에 영국 소설의 인상적인 발전 또한 이미 비판적으로 반영되었고, 소설 또한 다시 문학적으로 패러디되었다. 로렌스 스턴(Laurence Sterne, 1713~1768)은 1760년 그의 '미완성' 소설 『신사 트리스트럼 샌디의 인생과 생각 이야기』(*The Life and Opinions of Tristram Shandy, Gentleman*)를 출판하기 시작했다. 이 소설은 아이러니하게도, 인위적인 무질서를 만들어 냄으로써 소설 쓰기와 의사소통의 불가능성 내지 부조리함을 증명한다. 이것은 스턴이 『프랑스와 이탈리아 풍류기행』(*A Sentimental Journey Through France and Italy*, 1768)에서 묘사했듯이 자연과 조화를 이루는 감상적인 삶에 대한 희망으로 이끈다.

이렇게 해서 감수성도 덕의 속박에서 해방되기 시작된다. 감정은 그 자체로 점점 더 관심을 끌게 되고, 특히 낭만적이거나 섬뜩한 감정은 더는 이성과 긍정적인 관계를 갖지 않으며 급기야 이성에 대항하는 것으로 등장하기도 한다. 게다가 이 새로운 감수성은 이제 자연체험의 새로운 형식과 짝을 이룬다. 자연은 언제나 시에서 상당한 역할을 했지만, 18세기 초반 영국에서도 자연은 아르카디아 시 문학이나 목가시에서처럼 여전히 목가적이고 합리적이며 조화로운 자연으로 나타난다. 문화 비판조차도 단순한 자연을 향한 열광과 쉽게 결합된다. 그러나 이미 대략 1740년대부터 자연은 인간 문화의 폐허와 함께 어둡고 공포스럽거나 멜랑콜리한 감정의 거울이 된다. 잉글랜드 국교회 사제 에드워드 영(Edward Young, 1683~1765)은 『삶과 죽음, 불멸에 관한 불평 또는 밤의 상념』(*The Complaint: or, Night-Thoughts on Life, Death, and Immortality*, 1742~1745)을 썼고, 나중에 케임브리지 대학의 교수가 된 토머스 그레이(Thomas Gray, 1716~1771)는 1751년 자신의 유명한 시 『시골묘지에서 쓴 비가』(*Elegy Written in a Country Churchyard*)를 발표했다. 이런 식으로 계몽의 시대에 멜랑콜리는 "영국병"이 되었고, 많은 작가들은 정신적 광증의 위기를 겪거나 실제로 거기에 빠지게 되었다.

　이러한 맥락에서 또한 진정한 또는 진정한 것으로 추정되는 고전기 이전의 민속시, 특히 중세, 스코틀랜드, 켈트 문학이 재수용된다. 제임스 맥퍼슨(James Macpherson, 1736~1796)은 『고대 시가 단편』(*Fragments of Ancient Poetry*, 1760)을 출간하고, 토머스 퍼시(Thomas Percy, 1729~1811)는 『고대 영시 유물』(*Reliques of Ancient English Poetry*, 1765)을 썼다. 동시에 이에 대응하여 건축에서 문학으로 확산되어 고딕 소설의 장르를 만들어 낸 '고딕 취향'(gothic taste)이 생겨났다. 유사-중세 성을 건축하기도 한 호레이스 월폴(Horace Walpole, 1717~1797)은 1764년 『오트란토성』(*The Castle of Otranto*)을 출간했다. 이로써 영국에서 고딕 낭만주의 형식은 아주 일찍부터 시작되었으며, 이것은 나중에 '전(前)낭만주의'로 불린다. 이제 윌리엄 쿠퍼(William Cowper, 1731~1800)와 로버트 번스(Robert Burns, 1759~1796)와 같은 시인들과 함께 완전히 새로운 영혼과 자연의 분위기가 부상한다. 계몽의 시대는 분명 저물고 있었다. 프랑스에서 혁명이 발발했을 때, 전통 의식에 머무르던 영국에서 혁명의 추종자는 거의 없었다. 에드먼드 버크는 휘그당 소속이었음에도 혁명의 수많은 반대자들의 주요한 대변인이었다. 『프랑스혁명에 관한 성찰』(*Reflections on the Revolution in France*, 1790)에서 그는 보편적 인권보다 영국인의 권리를 우선시했고, 이제 그 근거를 이성 대신 자연과 역사에서 찾았다.

4. 계몽 — 해석과 자기해석

영국 계몽은 1688년 정치적 승리로 시작되었는데, 이는 동시에 정신적 승리이기도 했다. 위(왕권)로부터의 실용주의와 아래(의회)로부터의 실용주의는 하나의 사회적 타협 속에 결합되었고, 이로써 대다수 사회적 및 종교적 집단을 위해 충분한 삶의 공간이 허용되었다. 이는 기본적으로 의회나 하급 귀족과 상류 시민계급의 승리였을 뿐만 아니라 개신교 또는 잉글랜드 국교회의 승리이기도 했다. 물론 휘그당의 장기 통치가 곧이어 시작되었을 때 특히 표현되기 시작한 새로운 자유주의는 처음에는 아직 제한 속에 머물렀다. 계속해서 강력한 보수적 경향이, 특히 점점 더 토리당을 지지하는 젠트리 계급에게서 나타났으며, 비국교도, 특히 가톨릭에 대한 관용은 19세기까지 매우 제한적이었다. 하지만 그럼에도 성공적인 전환이 의식되는 가운데 더 많은 발전들이 성취되었다.

　　이것은 정신적 발전과 관련하여, 중세 시대 이래 이미 강력하게 전통 지향적이었던 영국에서는 18세기 내내 어떠한 보편적이고 원칙적인 개혁이나 혁명의 요구도 사유를 추진하지 않았음을 의미했다. 물론 여기서도 이미 18세기 초에 최초의, 적어도 부분적으로 변화를 추구하는 비밀결사(프리메이슨)가 생겨나긴 했지만, 원칙적으로 단계적인 변화의 길이 이미 열려 있었기 때문에, 보편적인 개혁을 향한 열정은 일어나지 않았다. 그 결과 전적으로 새롭게 이성에 의해 감화받은 지적 운동 또한 일어나지 않았다. 이는 부분적으로는 이성의 개념이 경험론 내에서 문제되었기 때문이고, 또 부분적으로는 모든 지식인들을 비판적 이성의 이름으로 투쟁할 수 있게 만드는 강력한 종교적 및 정치적 체계를 통한 선동이 부족했기 때문이다. 반대로, 유럽 대륙의 다른 모든 민족들보다 이미 훨씬 더 높은 수준의 자유와 상식을 가지고 있다는 의식은 모든 영국인에게서 자신의 사회와 연관된 이성과 자유를 향한 열정이 일어나는 것을 방해했다. 대신 영국인은 자유와 관용의 나라에서, 그리고 학문적 및 정신적 진보의 나라에서 살고 있다는 점에 근거하여 국가적 자부심을 키웠다. 그러나 그것은 또한 일종의 바리새주의, 일정한 자기 고립 및 전형적인 영국적 특이성의 발달로 이어졌다. 이러한 영국인의 자기의식은 부분적으로 다른 민족에 의해 존경을 받았으며 특히 계몽 연구에 반영되었다. 그러나 엄밀한 의미에서 18세기 영국의 정신적 발전을 과연 계몽이라고 명명할 수 있는지 의문이 제기될 수 있다.

계몽에 해당하는 영어 낱말 'Enlightenment'는 결코 18세기의 기획을 나타내는 용어가 아니다. 17~18세기에 계몽된 사람이 훨씬 더 드물었던 만큼 그 말은 드물게만 사용되었으며 분명 비판적 활동의 의미로는 전혀 사용되지 않았다. 오늘날 통용되는 그 낱말의 의미는 계몽의 독일적 개념의 모방이다. 특히 그것이 시대 개념을 의미한다는 점에서 그렇다. 'enlighten'이라는 동사형과 'enlightend'라는 분사형 또한 17~18세기에 비교적 드물게 나타나는 데다 대개 계몽함 내지 계몽됨과는 다른 의미로 쓰인다. (이따금 'inlighten'이라고도 표기되는) 'enlighten'은 라틴어 동사 'illuminare'의 번역어이다. 그 말은 원래 '계몽하다'가 아니라 '밝게 하다' 또는 '조명하다'를 의미하며, 신학 용어처럼 거의 배타적으로 종교적 의미로 사용된다(이는 '조명하다'에 대응하는 독일어 낱말 'erleuchten'도 비슷하다). 이 영어 낱말(enlighten, enlightened)이 계몽에 대응하는 세속적인 독일어 낱말

(aufklären. aufgeklärt)이나 세속적인 프랑스어 낱말(éclairer, éclairé)의 의미로 사용된 사례는 18세기에 극히 드문 예외에 해당한다.

바로 이러한 사실은 영국에서 18세기를 계몽된 시대 또는 계몽의 시대로 여기는 어떠한 자기해석도 없었다는 점에 대응한다. 예를 들어, 버클리는 이따금 자신의 시대를 "이 계몽된 시대"(this enlightened age)라고 부르지만, 그것은 분명 역설적인 어조의 표현이다. 18세기 영국을 계몽의 시대로 분류한 것은 분명 후대의 정신사적 관점에서 유래한다. 철학적 시대 또는 이성의 시대라는 표현은 적어도 18세기 영국에서 전형적인 것은 아니었고, 세기말의 역사화 논쟁에서 유래하며 부분적으로는 프랑스어에서 번역된 것이다. 그러나 문학과 관련해서는 물론 이미 일찍부터 '아우구스투스의 시대'처럼 문예의 융성기라고 이야기되었다. [문학과 관련하여] 저 표현(enlighten, enlightened)은 이미 18세기 중반에 등장했는데, 처음에는 여전히 명시적으로 고전적 모범과 관계된 18세기 초반의 작가들, 특히 포프와 스위프트를 언급하는 것이었다. 나중에는 시간적으로나 사실적으로나 더 확장된 의미로 사용되었으나, 오늘날에는 유행이 다한 것으로 보인다. 유사하게, 영국에서는 계몽 철학 또한 철학의 고전적 시대에 속한다고 여겨졌다.

분명한 점은 18세기 영국에는 자기 고유의 계몽운동에 관한 의식이 전무했고 마찬가지로 계몽의 시대를 살고 있다는 자립적인 의식도 없었다는 것이다. 그 결과, 독일에서와 같이 명확한 계몽 이론은 물론이고 계몽 프로그램에 대한 강조 역시 여기서는 존재하지 않았다. 예컨대, 현저한 계급적 차이에도 불구하고 민족 계몽에 대한 보편적 논의는 전개되지 않았으며, 다만 자선학교 설립과 같은 기독교적 동기에서 추진된 개혁 프로그램이 있었다. 영국 전반에서 계몽이 존재했다고 한다면, 그것은 명확한 자기의식도, 계몽 이론도, 계몽 프로그램도 없는 주로 실천적인 계몽이었다고 할 수 있다.

바로 이런 점은 영국의 계몽 시대에 관한 종종 상반된 판단을 설명해 준다. 누군가에게 영국은 계몽의 발상지이다. 여기서 계몽은 일찍이 존 로크와 함께, 경우에 따라 더 일찍, 말하자면 17세기 중반에 토머스 홉스나 처버리의 허버트와 함께, 또는 훨씬 더 일찍, 즉 프랜시스 베이컨과 함께 시작되었다. 반면에 프랑스의 계몽은 이를테면 볼테르(Voltaire, 1694~1778)와 함께 처음 시작되었고, 독일 계몽은 아마도 레싱(Lessing, 1729~1781)과 함께 비로소 시작되었을 것이다. 그런 경우에 계몽의 개념은 영국과 관련해서는 매우 폭넓게 포착되지만, 프랑스와 특히 독일과 관련해서는 매우 좁게 포착된다. 이에 반해, 또 다른 이가 보기에는 본래 영국에서 계몽은 전혀 존재하지 않으며, 다만 문학의 아우구스투스 시대나 영국 철학의 고전주의 시대만이 있을 뿐이다. 이 경우에 계몽의 개념은 마찬가지로 좁게 이해되며, 현재에는 프랑스와 독일에, 또는 심지어 전적으로 독일에만 국한되는 이해 방식이다. 종합하면, 이는 영국이 그 스스로 직접 참여하지 않은 채 대륙의 계몽의 시작에 영향을 끼쳤음을 의미한다.

하지만 그럼에도 불구하고 영국에서도 계몽의 시대라는 개념을 고수하는 것은 합당하다. 계몽의 다른 형식, 즉 대륙적 형식과의 모든 차이에도 불구하고 본질적으로 공통적인 주제가 존재한다. 종교의 문제적 합리성이 바로 그것이며, 이는 계몽의 제1의 공통 주제로 추정된다. 따라서 서로 다르지만, 공통적인 주제는 미신과 선입견, 그리고 광신과 열광에 대한 강렬한 반대이다. 이성적인 세속 국가의 문제

또한 주제화되지만, 원칙적으로, 말하자면 영국 헌법에서 이미 해결책을 찾았다는 일반적인 자기의식 때문에 이 문제는 철학으로 후퇴한다. 그러나 영국 철학의 심리학적 고찰 방식은 유럽 대륙철학에서의 대부분의 규범적 논의와 큰 차이를 지니지만, 그럼에도 덕, 행복, 효용의 통일은 프랑스와 독일에서와 마찬가지로 실천철학의 핵심을 이룬다.

III. 프랑스: 비판과 혁명

1. 억압과 반란

프랑스는 18세기 유럽에서 가장 큰 문화 강국이었는데, 이는 가이우스 율리우스 카이사르(Gaius Julius Caesar, BC 100~ BC 40)의 갈리아 정복으로 시작된 오랜 전사(前史)에 바탕을 둔다. 왜냐하면 이러한 식민지 개척은 지리적으로나 기후적으로나 유리한 위치를 점한 나라에게 광범위한 고대 문화까지 선사했으며, 이는 로마제국이 멸망한 후에도 유효한 것으로 지속했기 때문이다. 그러한 결과 중 하나가 바로 대규모의 수도원 및 교회의 문화로 이어진 초기 기독교의 전파였다. 중세 때 프랑크 왕국이 붕괴된 다음에도 프랑스는 게르만족의 신성로마제국으로부터 독립적인 거대한 중앙집권국가를 형성하기 시작했고, 초기 근대가 시작될 무렵에는 스스로를 하나의 민족국가로 이해하기 시작했다. 17세기에 프랑스는 자신의 정치적 권력을 훨씬 더 확대할 수 있었다. 베스트팔렌 조약은 유럽에서의 프랑스의 정치적 역할을 입증했고 계속해서 권력을 증대하려는 시도의 출발점이 되었다.

이러한 정치적이고도 문화적인 발전의 전제 조건은 가톨릭교회와 동맹을 맺은 프랑스 왕의 강력한 지위였다. 물론 프랑스에서도 왕과 교회의 위치가 도전받았던 적이 없었던 건 아니다. 프랑스의 일부 지역에서 칼뱅주의의 확산은 16세기 후반에 이미 가톨릭과 개혁파(위그노) 사이에 유혈 전쟁으로 이어진 적이 있었다. 그러나 위그노의 지도자였던 프랑스의 왕 앙리 4세(Henri IV., 1589~1610 재위)가 1593년 가톨릭으로 개종한 뒤 "파리는 가톨릭 미사를 거행할 가치가 있다"고 선언함으로써 가톨릭의 승리는 확정되었다. 그럼에도 낭트 칙령(1598)은 1685년 루이 14세(Louis XIV., 1643~1715 재위)에 의해 폐지되고 나서 위그노가 유혈 진압되고 추방되기 전까지는 아직 프로테스탄트에게 비교적 관용을 베풀었다.

루이 14세와 함께 프랑스에서 절대 군주제는 "하나의 믿음, 하나의 법, 하나의 왕"이라는 원칙에서 벗어나는 것을 허용하지 않는 권력의 정점에 도달했다. 말하자면 왕은 프로테스탄트주의를 종교적 위험으로 주시했을 뿐만 아니라 종교에 토대를 둔 자신의 절대주의에 대한 정치적 위협으로 간주했다. 그의 통치 아래에서 프랑스는 마침내 가톨릭주의와 절대주의에 의해 지배되는 민족국가가 되었고, 정치적으로나 문화적으로 유럽의 나머지 지역을 지배하는 중앙집권적 대국이 되었다. 그런데 루이 14세의 통치는 권력과 화려함을 과시함으로써 큰 효과를 거두었기 때문에 특히 외적으로 화려했다. 왕권의 상징인 베르사유에 유럽에서 가장 큰 궁전이 지어졌음에도 불구하고 파리에 또한 왕립 학술원(Académie royale des sciences, 1666)과 코메디 프랑세즈(Comédie-Française, 1680)가 세워졌다. 게다가 많은 작가는 태양왕의 치세를 고대를 능가하는 새로운 시대의 표현으로 미화했다. 그러나 몇 차례의 정복에도 불구하고 국가권력의 확장은 정체되었고, 결국 수많은 전쟁으로 국가 재정은 망가졌다. 더군다나 위그노의 추방은 문화적, 학문적, 경제적 손실과 다름없는 일이어서 결국 피로스의 승리(상처뿐인 승리)에 지나지 않았다. 결국 절대주의 와 가톨릭교회 체제의 압박으로 나라 전체가 고통에 빠진 탓에 많은 사람들은 왕이 죽자 해방감을 느꼈다.

　미성년의 왕위 계승자 루이 15세를 대신하여 일시적으로 통치했던 필리프 오를레앙 공작(Philipp von Orléans)의 섭정 동안 (1715~1723), 국가는 순응을 강제하는 방향에서 보편적인 정신의 자유와 경제적 자유를 장려하는 방향으로 전환했다. 이제 자유정신이 유행을 선도하며, 경제는 재건을 위해 개방되었고, 프로테스탄트에 대한 박해도 완화되었으며, 프랑스는 영국의 영향에 개방적이었다. 루이 15세(Louis XV., 1715~1774 재위)와 루이 16세(Louis XVI., 1774~1792 재위)는 구질서의 회복을 시도했으나, 왕정의 정치적 절대주의와 교회의 종교적 절대주의가 누리던 권력의 정점은 지났다. 특히 시민계급의 경제 발전은 오랜 신분 사회가 점차 새로운 계급사회로 변모하도록 이끌었고, 이에 따라 경직된 정치적 구조는 점점 더 시대에 뒤처져 있음이 밝혀졌다. 무엇보다 파리의 작가들의 자유정신은 거의 통제될 수 없는 수준에 이르렀고, 파리의 살롱 문화는 베르사유의 궁전 문화에 대등할 정도로 발전했다. 게다가 마지막 왕의 왕후가 누린 사치에 의해 손상된 왕정의 권위는 곧이어 1789년, 프랑스혁명으로 일시적으로 파괴되었다.

　그럼에도 불구하고 18세기 프랑스는 당대 문화의 화려한 정점에 이르렀다. 이미 16세기와 17세기에 이곳에서 장엄한 귀족주의 문화가 발달했는데, 이는 왕실을 모범으로 삼아 나라를 희생시키면서 왕실과 경쟁했다. 이러한 궁정의 사교문화는 일찍부터 프랑스의 지적이고 사회적인 생활을 형성하기 시작했다. 시민계급 사이에서도 프랑스혁명을 지날 때까지 그런 식의 우아한 스타일과 세련된 생활양식이 자리 잡았다. 이와 결부된 문화 일반의 우월함에 대한 자기의식은 17세기 말 '고대인과 근대인의 논쟁'(Querelle des Anciens et des Modernes)으로 귀결되었다. 논쟁은 1687년 샤를 페로(Charles Perrault, 1628~1703)가 왕을 찬양하는 시를 쓴 데서 촉발되었는데, 이 시는 고대양식을 모방하는 예술을 장려하는 태양왕의 시대를 역사의 새로운 시기로 찬양하고 고대보다 더 드높였다. 이리하여 그 자체로 오랜 논쟁은 일반적 학문의 수준에서 특수한 문화적 및 민족적 수준으로 옮겨 갔고, 그 과정에서 새롭고 세속적이고 독단적이지 않은 동시에 강력하게 민족적인 역사의식이 점차 발전했으며, 이는 진보에 대한 새로운 믿음도 퍼져 나갔다.

전반적으로 프랑스의 18세기는 조형예술과 장식예술의 전성기였다. 왕실, 귀족, 부르주아 후원자들에 힘입어 프랑스 문화는 심지어 "프랑스적인 유럽"(l'Europe française)이라고 회자되기 시작했을 정도로 프랑스 양식을 포함하는 수출품이 되었다. 아카데미 프랑세즈(Académie Française)가 1694년부터 발행한 사전을 통해 이제 프랑스어는 유럽 상류층과 정치 세계의 언어로 자리매김한다. 게다가, 문학과 예술에 심취한 프랑스 살롱 사회는 이후 자연과학에 대해서도 큰 관심을 두게 되었다. 영국과의 문호 개방 이후에는 물리학과 화학 연구를 통해서만 근대성을 입증할 수 있었기 때문에 자연과학이 특히 유행했다(따라서 세기 중반 이후 과학에 대한 이러한 종류의 열성은 영국 숭배와 더불어 다시 감소하였다). 물론 진지한 연구와 과학적이고 기술적인 진보도 있었다. 르네 앙투안 페르쇼 드 레오뮈르(René-Antoine Ferchault de Réaumur, 1683~1757)는 다른 무엇보다도 온도계를 발명했고, 프랑스혁명 때 징세 청부업자 이력으로 처형된 앙투안 로랑 라부아지에(Antoine Laurent Lavoisier, 1743~1794)는 산화 과정을 인식했다. 과학적-기술적 진보의 정점을 이룬 것은 몽골피에(Montgolfière) 형제가 만든 열기구의 첫 번째 비행 시도(1783)였다. 그러나 이 시대에도 사회의 관심은 여전히 동물의 자기력과 같은 '오컬트적인' 자연현상을 향해 있었다.

프랑스 계몽은 18세기의 인상적인 프랑스 문화의 일부였고 문화의 수출에서 중요한 역할을 했다. 비록 계몽은 기존의 사회와 종교는 물론이고 정치 체제와 (설령 체제 내부에 계몽의 후원자가 있음에도 불구하고) 근본적으로 대립하기는 하지만, 이처럼 주류 사회에 대항하기 시작함에도 불구하고 계몽은 정신(esprit) 문화 일반과 대체로 조화를 이룬다. 이러한 '계몽주의적' 비판은 18세기 프랑스에서 철학자와 작가를 겸했던 이들에 의해 자주 수행되었는데, 이것은 이미 17세기 말에 시작되었다. 교회와 왕권의 완고한 연합전선에 의해 자극받은 계몽은 무엇보다 스스로를 종교와 정치에 대한 급진적 비판으로 표출해야 했고, 정치와 도덕의 확립된 체계와 완전히 단절할 수밖에 없었다. 이리하여 프랑스혁명에서는 인권, 무엇보다 자유의 권리가 선언되었다. 종교적 억압은 정치적 혁명으로 끝난다.

하지만 '프랑스식'(à la française) 계몽은 본질적으로 파리에 국한되어 있었다. 18세기에 프랑스적 사고방식을 특징지은 것은 파리라는 수도의 상황, 기회 및 위험이다. 그리고 이러한 계몽의 지지자는 대학이 아니라 '자유로운' 저술가들이다. 지역의 학술원 역시 비교적 작게나마 역할을 한다. 따라서 프랑스 계몽에서 민족계몽의 경향은 다만 상대적으로 약하다. 시민계급은 점점 더 새로운 사회질서와 그 이데올로기의 지지자가 되었으나, 그럼에도 계몽은 마지막까지 귀족, 특히 공직에 있는 귀족의 지지를 받았다.

2. 이주에서 배척까지

프랑스를 뛰어넘어 유럽 계몽의 철학적 전사(前史)를 본질적으로 규정하는 이는 철학자 르네 데카르트(René Descartes, 1596~1650)이다. 그는 철학을 안전한 학문으로 만듦으로써 모든 학문을 안전한 토대 위에 세우길 원했다. 비록 그의 철학은 처음에는 금지되었으나 철학 안팎에서 그의 영향력을 프랑스도 계속 막을 수는 없었다. 무엇보다 명석판명한 인식에 관한 그의 촉구는 내용적인 면이나 방법론적 면에서나 형이상학적 요구가 없었음에도 불구하고 계속해서 다양한 영향을 끼쳤다. 이처럼 데카르트의 분석적 야심과 연결될 수 있을 만한 매우 비판적인 합리론은 세기의 전환에 앞서, 즉 다음 세대에 영국 경험론이 부흥하기 훨씬 전에 프랑스 작가와 철학자 사이에서 기반을 마련했다. 그러나 낭트 칙령의 폐지로 억압의 분위기가 조성됨으로써 프로테스탄트 작가들은 추방되었고 가톨릭 작가들도 어느 정도 침묵하게 되었다. 이리하여 순응적이지 않은 지식인들은 두 진영으로, 말하자면 프랑스 내에서 아주 소규모로 활동하는 매우 신중한 집단과 프랑스 외부에서 다소 강하고 더 급진적으로 활동하는 집단으로 나뉘었다. 따라서 계몽의 관점에서 태양왕의 시대는 단지 억압의 시대에 불과한 듯하지만, 거기서 바로 계몽의 첫 단초가 대내적이고 대외적인 이주로 나타났다.

이주한 위그노 가운데 가장 중요한 철학 작가는 피에르 벨(Pierre Bayle, 1647~1706)이었다. 그는 칼뱅주의 목회자 집안에서 자라나 제네바에서 신학을 공부한 뒤 스당(Sedan)의 프로테스탄트 대학에서 철학 교수가 되었다. 1681년 이곳이 폐지되자 그는 로테르담의 일루스트레 김나지움(Gymnasium illustre)에서 철학 및 역사 교수로 이직하였으나 이 직위도 1693년에 잃었다. 그곳에서 영향력을 행사한 개혁파 신학자 피에르 쥐리외(Pierre Jurieu, 1637~1713)와는 대조적으로 그는 종교적 및 정치적 관용을 옹호했고, 따라서 프랑스에 대한 종교적 및 정치적 전쟁 역시 거부했기 때문이다. 철학적으로 벨은 절충적 데카르트주의의 편에 섰으나, 작가로 활동하는 과정에서 특히 역사와 역사적 비판의 문제로 주의를 돌렸다. 이미 1682년에 그는 자신의 논고『터무니없는 생각』(Pensées sur la Comète)에서 미신과 선입견을 비판했다. 1684년부터 1687년까지 그는 무엇보다도 프랑스의 프로테스탄트를 옹호하는 데 기여한, 널리 읽힌 비평지『문예공화국 소식』(Nouvelles de la République des Lettres)을 출판했으며 동시에 자신의『철학적 주해』(Commentaire philosophique, 1686~1687)에서 종교적 관용을 옹호하고 도덕과 종교의 날카로운 구별을 주장했다. 이 구별에 따르면 유덕한 무신론자가 있을 수도 있다. 실제로 그는 처음으로 철학을 근대적인 '투쟁하는 철학'(philosophia militans)으로 전환시키고 이것을 저널리즘에 가깝게 만들었다. 그의 주저는『역사비평사전』(Dictionnaire historique et critique, 1697)이라는 제목의 위대한 백과사전인데, 거기서 그는 당대의 지식을 역사적-비판적으로 검토했다. 이 과정에서 많은 것들이 의심스러운 것으로 밝혀졌고 이성과 계시의 일치에 대한 일반적 믿음도 증명될 수 없는 것으로 밝혀졌다. 하지만 벨은 인식 가능성 면에서는 전적으로 회의를 품었어도 기독교를 순수하게 신앙의 일로 고수했다. 그에 따르면 종교는 순전히 양심의 문제이다. 이렇게 해서 시작된 종교와 이성에 대해 비판적인 계몽은 더는 전문가들만의 사안이 아니다.

베르나르 르 보비에 드 퐁트넬(Bernard le Bovier de Fontenelle, 1657~1757)은 처음부터 대중적 저술을 시도했다. 프랑스 계몽의 성립에서 그의 초기 저작은 특히 중요한데, 이 저작에서 그는 동요하는 가운데서도 매우 신중하게 자연과학 및 종교 문제를 논했다. 자신의 저작 『세계의 복수성에 관한 대화』(Entretiens sur la pluralité des mondes, 1686)에서 그는 지구가 우주의 중심이라는 명제에 의문을 제기하고 적어도 가설적으로 세계의 복수성이 가능하다고 변호했다. 이 저작에서 그는 동시대인들의 학문적 담론을 교양 있는 여성들과의 우아하고 풍자적인 담소로 바꾸려고 시도했다. 이로써 그는 이미 여성 청중을 포함하여 모든 이를 대상으로 하는 세속적 철학의 이상을 전파했고, 따라서 이 작업은 배움을 주는 동시에 즐거움도 주어야 했다. 훨씬 확장된 후기작 『신(新) 죽은 자들의 대화』(Nouveaux Dialogue des morts, 1683)에서 퐁트넬은 철학의 주요한 주제가 우주가 아니라 인간임을 강조했다. 그의 미신 비판은 프랑스에서 계속되는 정신적 발전을 위해 중요했으나, 그럼에도 신중을 기하기 위해 그는 『신탁의 역사』(Histoire des oracles, 1687)에서 비판을 고대에 제한했고, 일부는 나중에야 『우화의 기원』(De l'origine des faables, 1723)으로 출간되었다.

고대인과 근대인의 우위 논쟁과 관련하여 그는 1688년 저작『고대인과 근대인의 여담』(*Digression sur les anciens et les Moderns*)에서 근대인의 편을 들었다. 그는 새로운 문헌의 탁월함에 주목했을 뿐만 아니라 근대과학의 추종자로서 누구보다 과학의 진보를 선전했다. 하지만 퐁트넬은 1682년 종교적 회의에 근거하여 가톨릭에 맞서 논쟁했음에도 불구하고 정치적 압력을 받아 1687년에는 위그노 박해를 정당화하는 책인『루이 대왕 치하 종교의 승리』(*Le triomphe de la faith sous Louis le Grand*)를 출판했다. 그는 이렇게 지배적 체제와 외적으로 화해한 후, 학술원의 서기관이 되었다.

이 두 사람〔벨과 퐁트넬〕을 이러한 명명 아래 포함해도 된다면, 초기 계몽기에 이미 벨과 퐁트넬과 함께 전형적인 프랑스 계몽주의자가 나타났고 18세기 초부터 "르 필로조프"(le philosophe)라고 불리기 시작했다. 역사적으로 볼 때, 사회의 비판자로서 필로조프는 본래 기독교적 동기에서 사회문제를 진단하는 모럴리스트들의 후예일 뿐만 아니라 종교적 위선을 분석하고 폭로하는 종교비판적인 자유사상가들의 계승자이기도 했다.

18세기 프랑스의 필로조프는 전문철학자나 대학의 철학자가 아니다. 그는 학교가 아니라 세상에 속하는 인간, 학술적 교육을 받았음에도 그 자신을 자유 저술가(전문작가)로 이해하고 활동하는 인간이다. 다시 말해, 그는 세상을 매우 비판적으로 바라보며 자신의 말로 세상을 바꾸기를 바라는 지식인이다. 작가로서 그는 전문적 철학과 문학(Belles-Lettres) 사이 어딘가에 서 있다. 무엇보다도 그는 모든 철학적 의도와 문학적 의도를 뛰어넘어, 이중적인 의미에서, 즉 사교적이자 처세에 능하거나 그런 것을 추구한다는 의미에서 사회인이며, 사회의 세계에 대해 비판적인, 즉 변화를 지향하는 관계에 있다는 의미에서 사회인이다. 그러나 프랑스의 정치적 및 사회적 여건 때문에 필로조프는 사회개혁가로서 자유롭게 활약할 수 없고 그의 비판은 검열받게 된다. 이를 피하기 위해 프랑스 계몽주의자들은 종종 출판지를 날조하거나 해외, 특히 네덜란드에 있는 비밀 인쇄소에서 불법으로 자신의 저작을 출판하거나 심지어 수고(手稿) 형태로만 유통하기도 했다. 이리하여 문학의 영역에서도 하위문화, 다시 말해, 회색 서적 시장과 함께 '지하 문학'(littérature clandestine)이 생겨났다. 정치적 및 종교적 여건의 상이함으로 인해 영국과 독일에서는 이러한 현상형식이 나타난 적 없었다. 하지만 검열이 어디서나 동등하게 엄격하게 이루어진 것은 아니었다. 심지어 공식 검열관 자신이 계몽주의자에게 동조하는 경우도 있었다. 필로조프는 자신의 원형적 표현형식을 18세기 중반 백과사전학파에 이르러서야 찾게 되었으나, 좁은 의미에서 프랑스 계몽은 몽테스키외와 볼테르와 함께 시작된다고 볼 수도 있다.

샤를 루이 세콩다 드 라 브레드 에 드 몽테스키외 남작(Charles-Louis de Sécondat, Baron de la Brède et de Montesquieu, 1689~1755)은 줄여서 몽테스키외라고 불리며, 보르도 근교의 오래된 귀족 가문에서 태어났다. 전적으로 섭정기의 자유사상의 지적 분위기 속에서 그는 1721년 서간 소설 『어느 페르시아인의 편지』(Lettres persanes)를 출판했는데, 이 소설에서 그는 외국인의 관점에서 프랑스 상황을 묘사했으며 이런 식으로 절대주의와 교회를 비판할 수 있었다. 그런 뒤 그는 여러 나라를 여행했는데, 특히 영국에서 헌법에 강한 인상을 받았다. 자신의 라 브레드(La Brède)성으로 돌아온 후, 그는 역사 및 정치 연구에 전념했다. 1734년 그는 『로마인의 흥망성쇠 원인론』(*Considérations sur les causes de la grandeur des Romains et de leur décadence*)을 출판했는데, 거기서 역사의 지도자로서의 신에 의존하지 않고 순전히 세계 내적으로, 즉 국가 통일 신조의 쇠퇴로 로마의 몰락을 설명했다. 그런 뒤 1748년에 그는 자신의 주저, 이른바 『법의 정신』(*De l'esprit des loix*)을 출판했는데, 여기서 법의 역사성, 이를테면 법이 장소와 시간, 기후와 종교뿐만 아니라 특정 도덕적 신념(덕)에도 의존함을 보여 주려 했다. 약간의 동요가 있기는 하지만 기본적으로 몽테스키외의 이상은 입헌 군주제였다. 그는 영국의 실제 헌법으로부터 입법권력, 사법권력, 행정권력의 분리를 자유 국가의 필수조건으로 도출해 냈다. 이로써 그의 저작은 이미 근대 국가 이론의 정전이 되었다.

볼테르(Voltaire)라는 필명으로 자신을 드러낸, 프랑수아-마리 아루에(François-Marie Arouet, 1694~1778)는 어쩌면 프랑스 계몽을 대표하는 가장 유명하고도 중요한 인물이다. 그는 파리의 변호사 집안에서 태어났으나 그의 야망은 이미 어릴 때부터 문학을 향해 있었다. 그는 완전히 고전주의적인 의미에서 18세기의 가장 위대한 극작가가 되기를 바랐다. 이러한 정신으로부터 특히 그의 초기 작품, 즉 비극 『오이디푸스』(*Œdipe*)와 서사시 『앙리아드』(*La Henriade*)가 출현했는데, 거기 등장하는 과거의 예수회 학생은 계몽된 절대주의를 선택하는 동시에 이미 교회에 대한 날카로운 비판을 수행했다. 1726년부터 1729년까지 그는 영국으로 건너가 뉴턴의 역학과 로크의 경험론에 고무되었다. 이러한 영향 아래 그는 처음에 『철학 편지 또는 영국인들에 관한 편지』(*Lettres philosophiques ou lettres sur les Anglais*, 1734)를 썼고, 나중에 『뉴턴 철학의 요소들』(*Eléments de la philosophie de Newton*, 1738)을 썼다. 이 저작들로 그는 프랑스에서 로크의 반(反)데카르트적 인식론과 뉴턴의 반(反)데카르트적 자연학을 대중화했다. 동시에 볼테르는 이를테면 이미 본질적으로 계몽의 선전에, 예컨대 광신주의에 대한 투쟁에 도움이 되는 『자이르』(*Zaïre*, 1732)와 『마호멧』(*Mahomet*, 1741) 같은 희곡을 쓰는 등 시인으로도 활약했다. 그의 희곡은 대부분 이른바 '철학적' 비극이다. 볼테르는 자신의 지적 교우였던 샤틀레 부인(Madame de Châtelet, 1706~1749)의 영지에서 한동안 지내다 잠시 파리에 체류하였으나 프랑스 궁정에 접근하는 데 실패했고, 그 후 프리드리히 2세(Friedrich II., 1740~1786 재위)의 초청으로 1750년부터 1753년까지 포츠담의 상수시 궁정에 손님으로 체류했다. 이 기간에 그는 특히 역사 연구서 『루이 14세의 시대』(*Le Siècle de Louis XIV*, 1751)와 『보편사와 사람들의 풍속과 정신에 관한 에세이』(*Essay sur l'histoire générale et sur les mœurs et l'esprit des peuples*, 1753)를 출판했고, 1764년에 『휴대용 철학사전』(*Dictionnaire philosophique portatif*)이라는 제목으로 첫 판이 발행되는 철학사전을 집필했다.[1] 이는 무엇보다 교회와 미신의 비판을 위한 작업이었다. 프로이센의 왕과 교류가 단절된 후 볼테르는 처음에는 스위스로, 그다음에는 프랑스로 갔는데, 그 사이에 (특히 무기 거래업을 통해) 부유해져서 스위스 국경 근처의 페르니성을 구입했다. 바로 이곳에서 그의 유명한 풍자 소설 『캉디드 혹은 낙관주의』(*Candide ou l'optimisme*, 1759)를 포함하여 그의 '철학적' 이야기들 일

---

1 [옮긴이] 국역본은 『불온한 철학사전』(사이에 옮김, 민음사, 2015)이라는 제목으로 출간되었다.

부가 집필되었다. 『리스본 대지진에 관한 시』(*Le poème sur le désastre de Lisbonne*, 1756)에서와 같이, 이 작품은 노령의 볼테르의 종종 냉소적인 비관주의를 분명히 나타낸다. 또한 그는 유럽 전역에 있는 동시대의 여러 위대한 인물들과 편지를 교환했다. 그런데 그에게 가장 큰 명성을 가져다준 것은 프랑스에서 종교적 동기에 의해 사법부의 희생양이 된 칼라스 가족 및 다른 몇몇 프로테스탄트 가족을 변호한 일이었다. 승리를 축하받으며 마지막으로 파리를 방문하는 과정에서 그는 아마 과로로 인해 숨을 거두었다.

볼테르는 물론 상상력이 뛰어나고 다재다능한 중요한 인물이었으나, 좁은 의미에서 위대한 시인도 독립적인 철학자도 아니었다. 경험적 인식, 자연의 질서 또는 덕의 필연성에 관한, 그의 대체로 상당히 비체계적으로 표현된 견해들은 최고의 지성적 존재에 관한 그의 이신론적 경향의 관념과 마찬가지로 당대에 통용되던 범위 내에 위치한다. 이른바 낙관론에 대한 그의 조롱은 여전히 피상적이다. 비록 그가 영국 여행의 영향으로 정치적 이념으로 말하자면 입헌군주제를 지향했다 하더라도, 그럼에도 사실상 그는 항상 민중들과는 거리를 두고 왕과 귀족들의 곁에 지내려고 했다. 또한 그의 역사철학은 — 이 표현은 볼테르 자신에게서 유래한다 — 기존의 논의들, 특히 데이비드 흄의 논의들을 참조한 것으로 보인다. 하지만 프랑스에서 볼테르만큼 계몽주의적 의식을 함양하는 과정을 추진한 이는 없었다. 그는 많은 사람들에게 프랑스 계몽의 화신으로 여겨졌고, 생전에 이미 일종의 기관(Institution)과 같은 존재였다.

볼테르와 몽테스키외만이 영국 사상을 프랑스로 도입한 건 아니었다. 특히 1730년대에 자연과학 내지 자연철학의 영역에서 진정한 영국 숭배가 분출되었다. 여기에 피에르 루이 모로 드 모페르튀(Pierre Louis Moreau de Maupertuis, 1698~1759)도 상당한 역할을 했다. 일찍이 과학 학술원에 가입한 뛰어난 재능의 수학자였던 그는 영국을 방문한 후 뉴턴주의에 경도되었고 이러한 관점에서 데카르트의 우주론을 비판했다. 나중에 그는 흄을 따라 수학도 감각으로 소급하려 시도함으로써 경험주의를 급진화했다. 물론 그는 여전히 자연의 합법칙성에 대한 (이신론적) 믿음을 지지하긴 했으나, 나중에는 자연철학적인 사변으로 ── 한편으로는 유물론적인, 또 다른 한편으로는 범신론적인 사변으로 향하는 경향도 있었다. 1746년부터 그는 베를린의 프로이센 학술원의 원장으로 봉직했다.

프랑스 계몽의 초기 유물론적 경향을 더 분명히 드러낸 이는 의사 쥘리앙 오프레 드 라 메트리(Julien Offray de La Mettrie, 1709~1751)였다. 그는 프랑스 의학계에 대한 신랄한 풍자시를 출판한 일로 프랑스를 떠나야 했고, 네덜란드를 거쳐 나중에 프리드리히 2세의 궁정에 "낭독자"(Vorleser)로 고용되었다. 자신의 주저 『인간 기계론』(*L'homme machine*, 1747)에서 라 메트리는 인간을 자립적 영혼도 자유도 없는 기계로 서술했으며 이로부터 특히 인간에게 향유의 권리가 있다는 결론을 내렸다. 이렇게 해서 18세기 중반이 되기 전에 프랑스에서는 유물론적 경향이 출현했으며, 이는 필로조프의 모습과 관련이 있었다. 왜냐하면 18세기 중반 이전에 필로조프의 모습은 이미 1720년에 풍자시의 대상이 될 정도로 그 윤곽이 선명해졌기 때문이다. 이에 대한 중요한 기여는 「르 필로조프」(Le philosophe)라는 논고에 의해 이루어졌다. 이것은 『새로운 사상의 자유』(*Nouvelles libertés de penser*)라는 제목의 글 모음집에 익명으로 수록되었는데, 문법학자로 유명한 세자르 슈노 뒤 마르세(César Chesneau Du Marsais, 1676~1756) 신부가 쓴 글이었다. 강력한 목표를 지닌 이 저작에서 필로조프는 명백히 유물론적인 전제들 아래에서 사고하는 기계로, 그것도 자기 자신을 반성하는 기계로 정의되며, 스스로 태엽을 감는 시계에 비유된다. 이러한 서술로 필로조프의 위상은 군중들보다 더 높아지지만, 동시에 사회 안에 살고 사회를 위해 기여하는 것이 필로조프의 주된 목표이다. 그의 "유일한 신"은 사회이며, 그의 주요한 과업은 편견과 미신에 대한 투쟁인 것으로 보인다.

「르 필로조프」라는 논고는 당대에 상당한 파문을 일으켰다. 그것은 볼테르에 의해 비판되고 재서술되었을 뿐만 아니라 변형된 형태로 프랑스 계몽의 주저인 백과사전의 한 항목으로도 채택되었다. 이렇게 재서술된 두 형태에서는 원래의 유물론적 경향이 보다 완화되었다. 하지만 흥미롭게도 이 모든 논의는 본래 철학이 아니라 필로조프, 즉 프랑스 사교 문화를 이루는 하나의 인물 유형으로서 필로조프에 관한 것이다. 그러나 물론 프랑스에는 전혀 다른 유형의 철학자역시 존재한다.

성직자이자 왕자의 개인교사인 에티엔 보노 드 콩디야크(Etienne Bonnot de Condillac, 1715~1780)는 유물론적 귀결을 방지하면서 로크의 영향 아래 감각론을 전개했다. 『감각론』(*Traité des sensations*, 1754)에서 그는 개별 감각을 잇달아 부여받는 방식으로 인간적 인식을 획득한 대리석 조각상의 가설을 전개하지만, 자립적 영혼이 현존한다는 생각은 고수했다. 나중에 콩디야크는 무엇보다 과학적 언어의 문제를 다루었다. 체계의 완벽함을 철학적 오류로 서술하려 한 그의 저작 『체계에 관한 논고』(*Traité des systèmes*, 1749) 역시 프랑스 계몽의 발전에 중요한 것이었다. 이렇게 해서 그는 백과사전파의 사상에 영향을 주었으나, 그 자신은 그들과 거리를 두었고 그들이 허락 없이 자신의 글 두 편을 출판하자 강하게 항의했다.

필로조프들의 좁은 영역 외부에 자립적인 철학과 과학이 있었던 것처럼, 계몽주의적 사상의 내용에 대해 어느 정도 친화적이기는 해도 필로조프 유형에 속하지 않는 시인들의 문학도 있었다. 영국에서와 마찬가지로 특히 시학적 규범에서 자유로운 이야기, 즉 소설은 새로운 종류의 창조적 수행을 위한 마당이 된다.

초기 계몽의 첫 번째 중요한 소설가는 알랭-르네 르사주(Alain-René Lesage, 1668~1747)였는데, 그는 여전히 스페인의 피카레스크 소설에 크게 의존했으나 또한 도덕주의(Moralistik)에도 영향을 받았다. 그의 풍속 소설 『절름발이 악마』(Le diable boiteux, 1707)에서 악마는 실제 삶을 드러내기 위해 지붕을 제거한다. 반면에, 일인칭으로 쓴 연재소설 『질 블라스 이야기』(Histoire de Gils Blas de Santillane, 1715~1735)에서 사회는 내부로부터, 하인의 관점에서 비판된다. 르사주는 일련의 풍자적 희극을 쓰기도 했지만 이론적 계몽의 구상이나 실천적 개혁 운동과는 아무 관련이 없는 것으로 보인다.

마리보, 줄여 부르지 않는다면 피에르 카를레 드 샹블랭 드 마리보(Pierre Carlet de Chamblain de Marivaux, 1688~1763)는 여러 살롱과 교류하면서 계몽에 접근했고, 처음에는 영국의 『스펙테이터』를 모방한 『스펙타퇴르 프랑세』(Spectateur Français, 1721~1724)를 펴냈다. 그런 다음 파리에서 인기 있는 이탈리아 희극 상연을 위해 일련의 희곡을 집필했는데, 이 작품들에서 그는 사랑의 심리학을 다루었으나, 또한 유럽인들의 편견과 야만인들의 이성을 대조하는 식의 전형적인 계몽주의적 주제도 다루었다(『이성의 섬』*L'Ile de la raison*, 1727). 무엇보다 그를 유명하게 만든 것은 그의 소설 『마리안의 일생』(*La vie de Marianne*, 1731~1742)이었는데, 거기서 겉보기에만 점잖은 사회에서 수도원에 들어가기까지 유덕하고 관대한 고아 마리안의 삶의 여정이 심리적으로 상세히 묘사된다.

초기 계몽에서 세 번째 위대한 소설가는 앙투안 프랑수아 아베 프레보 데그질(Antoine-François Abbé Prévost d'Exiles, 1697~1763)이다. 예수회 학생이었던 그는 처음에는 군 복무를 피해 베네딕트 수도회로, 그다음에는 신부직을 피해 영국으로 떠났고, 심지어 거기서 프로테스탄트로 개종했으나, 나중에 베네딕트 수도회에 다시 들어가 헌신하여 수도원장까지 지냈다. 그 사이에 프레보는 계몽과 인접한 문학 잡지를 펴냈고, 몇 편의 소설을 썼다. 이 중 특히 일곱 권으로 이루어진 그의 장편소설의 마지막 이야기, 즉 비극적인 사랑이야기인 『기사 데 그리외와 마농 레스코의 이야기』(*Histoire du Chevalier Des Grieux et de Manon Lescaut*, 1731)는 훗날 다양한 오페라의 원작으로 이용되면서 유명해졌다. 또한 리처드슨의 번역자로서 프레보는 감상적 소설과 더불어 프랑스에서 새로운 문학의 시대를 앞당겼다.

3. 백과사전에서 혁명으로

18세기 중반 무렵 프랑스에서 계몽주의가 확산되면서 점점 더 급진화되기 시작한다. 교회를 향한 볼테르의 공격은 날카로워졌고, 사회에 대한 도덕적 비판은 몽테스키외에게서 마찬가지로 절대주의에 대한 정치적 비판임이 점차 더 분명해졌다. 또한 계몽주의자들의 숫자가 늘어났고 그들은 정신적 삶을 지배하기 시작한다. 볼테르와 다른 계몽주의자들은 학술원에 초대되어 집단의식을 발전시키는데, 이 과정에서 그들은 철학적 당파(parti des philosophes)를 결성하여 종교적 당파(parti dévot)에 맞선다. 그들이 만나는 가장 중요한 장소는 살롱(Salons), 즉 사교 모임들인데, 이 모임들은 대개 귀족 여성들이 조직하지만, 영국적 모범에 따라 클럽(Clubs)과 프리메이슨 지부와 결합하기도 한다. 무엇보다 계몽주의자들은 이제 그들 스스로를 결속시킬 수 있는 공동의 기획을 발견한다. 그것은 장 르 롱 달랑베르(Jean Le Rond d'Alembert, 1717~1783)와 드니 디드로(Denis Diderot, 1713~1784)가 제안한 백과사전이다.

1745년 출판인 조합은 영국의 에프라임 체임버스(Ephraim Chambers, 1680~1740)의 『백과사전』(*Cyclopædia or an Universal Dictionary of Arts and Sciences*, 1728)의 프랑스어 번역을 출판하기로 결정했고 이 작업을 달랑베르와 디드로에게 위임했다. 하지만 준비 과정에서 모든 과학, 예술 및 직업을 알파벳 순서대로 완전히 새롭고 포괄적으로 서술하는 계획이 수립되었으며, 이것은 『백과사전 또는 문인협회가 펴낸 과학, 예술, 기술에 관한 체계적 사전』(*Encyclopédie ou Dictionnaire raisonné des Sciences, des Arts et des Métiers par une société de gens de lettres*)이라는 제목으로 1751년부터 1780년까지 전체 35권이 출판되었다. 백과사전 출판의 역사는 프랑스에서 계몽 투쟁의 역사가 된다. 1749년 디드로가 지나치게 자유로운 정신의 표출로 인해 몇 달 동안 감옥에 갇혀야 했던 탓에, 이 작업은 이미 준비 과정부터 지연되었다. 1752년에는 첫 번째 권이 금지되었고, 1753년부터 네 권이 더 출판될 수 있었으나, 1759년에는 백과사전의 출판이 완전히 억압되었고 1760년부터 다음 권이 이어서 출판될 수 있었다. 그 배경에는 예수회의 공격도 한몫했지만, 또한 작가 찰스 팔리소 드 몬테노이(Charles Palissot de Montenoy, 1730~1814)가 쓴 대표적인 비방서들, 특히『필로조프의 희극』(1760)과『루이 15세 암살 시도』(1757)가 출간된 후, 계몽주의자들이 그 저서의 지적 원작자로 의심받은 탓도 크다. 다른 한편, 루이 15세의 정부였던 퐁파두르 부인(Madame Pompadour, 1721~1764)은 백과사전의 출판을 지지했다. 백과사전의 출간은 마침내 프랑스에서 계몽의 승리의 상징이 되었다. 하지만 첫 번째 판금 조치 이후 저술의 어조는 더 온건해졌고 어느 정도 자기 검열을 거치게 되었다.

이 작업을 정신적으로 지지한 작가 집단은 18세기 중반에 프랑스 계몽의 구심점이 되었다. 그러나 백과사전의 많은 항목은 원본이 아니다. 디드로 자신이 편집한 '필로조프'(Le philosophe) 항목은 거의 그대로 뒤 마르세의 동명의 저술에서 온 것이다. 여러 철학적 항목은 베를린에 거주하는 위그노 장 앙리 사무엘 포메이(Jean Henri Samuel Formey, 1711~1797)가 집필했는데, 이 중 일부로는 하인리히 체들러(Heinrich Zedler, 1706~1763)의『보편사전』(Universal-Lexicon)을 문자 그대로 번역한 것도 있었다. 총 64권에 4권의 별책이 추가된 체들러의『보편사전』은 1732년부터 1754년까지 출간되었는데, 이것도 철학에 관한 부분은 요한 게오르크 발흐(Johann Georg Walch, 1693~1775)의『철학사전』(Philosophisches Lexikon, 1726)을 기반으로 삼았다. 그럼에도 불구하고, 백과사전은 세기의 업적으로 남았다. 오늘날까지도 이름이 알려지지 않은 많은 이들을 포함하여 전부 200여 명의 저자가 백과사전에 크고 작은 기여를 했다. 이 작업과 거리를 두었던 볼테르 역시 거기에 포함되어 있었다. 하지만 그럼에도 작업의 주된 부담은 편집인 달랑베르와 디드로에게 있었고, 심지어 달랑베르가 떠난 뒤에는 디드로가 혼자 짊어졌다.

달랑베르는 파리에서 유명한 살롱을 운영하던 귀족 여성과 장교의 사생아였다. 처음부터 어머니에게 버림받은 그는 아버지에게 양육과 교육을 받았다. 천재적인 수학자이자 자연과학자인 그는 이미 23세에 파리 학술원의 회원이 되었고 나중에는 서기관으로 재직했다. 그의 가장 중요한 공헌은 「백과사전의 서론」(Discours préliminaire à l'Encyclopédie, 1751)이었는데, 이 논고에서 그는 당대의 여러 학문에 대한 비판적 분석을 시도했다. 모든 인식에 대한 그의 분류는 이미 심리학적 기준에 따라 (말하자면 정신 능력을 이성, 기억, 상상으로) 분류한 영국 철학자 프랜시스 베이컨을 따랐다. 여기서 이성은 학문들의 원천이자, 아직 개별 학문들과 분리되지 않은 철학의 원천이다. 하지만 철학의 분류에서 달랑베르는 스스로 거명하지는 않았으나 대체로 독일 철학자 크리스티안 볼프(Christian Wolff, 1679~1754)를 따랐는데, 이로써 그는 볼프와 유사하게 일반 형이상학(metaphysica generalis), 즉 존재론과 특수 형이상학(metaphysica specialis)을 구분하고 후자를 세 가지 주요 대상에 따라 계시신학을 포괄하는 "신학"(science de Dieu), "인간학"(science de l'homme) 및 "자연학"(science de la nature)으로 분할했다. 이런 점에서 볼 때 자주 혁명적이라고 칭송받았던 달랑베르의 서술은 놀라울 정도로 보수적인 학문관을 보여 준다. 물론 달랑베르는 콩디야크을 인용하며 철학적 "체계의 정신"(l'esprit de système)을 비판하고 대신 모든 연구에서 "체계적 정신"(esprit systématique)을 요구했다. 1758년 그는 학술원 내에서 자신의 지위가 위협되지 않도록 백과사전 출판을 책임지는 공동편집진에서 물러났다.

백과사전 출판을 위한 임무와 책임은 이제 디드로 혼자 감당해야 했다. 디드로는 볼테르와 더불어 프랑스 계몽의 다재다능하고 가장 영향력 있는 인물이었다. 그는 수공업자 가문에서 태어나 파리에서 수학했으나 성직자가 되기를 거부하고 오랜 기간 임시직을 전전했다. 1745년, 백과사전을 기획하는 주요한 책임을 떠맡았다. 이처럼 매우 고된 업무에도 불구하고 디드로는 이론적 논고와 순수 문학 작품을 비롯한 일련의 전혀 다른 작업들도 병행했다. 이론적 저술로는 초기작 『철학적 사색』(Pensées philosophiques, 1746)과 『맹인에 대한 편지』(Lettre sur les aveugles, 1749) 및 『농아에 대한 편지』(Lettre sur les sourds et muets, 1751)가 있다. 특히 이 마지막 저술에서 디드로는 감각주의적 인식론을 전개하여 농인의 언어를 위한 토대를 마련했다. 1754년작 『자연의 해석에 대한 단상들』(Pensées sur l'interprétation de la nature)과 1830년에 처음 출판된 1769년작 『달랑베르의 꿈』(Le rêve de d'Alembert)에서 디드로는 자연과학적인 주제로 눈을 돌렸다. 그는 데카르트주의와 투쟁했고 종의 생성을 탐구했으며 이 과정에서 점점 더 무신론과 유물론으로 기울어졌다.

디드로의 문학 작품의 일부는 사후에 출판되었다. 일부 작품에서 그는 자신의 미학 이론을 실제로 적용하려고 노력했으나 단지 부분적으로만 전개시킬 수 있었다. 『입 싼 보석들』(Les Bijoux indiscrets)과 『수녀』(La Religieuse) 같은 초기 소설은 관능적이고 성적인 이야기를 사회와 교회에서 미풍양속의 쇠퇴를 교화하려는 의도와 결합한다. 그의 후기작인 대화 형식의 소설 『라모의 조카』(*Le Neveu de Rameau*)와 『운명론자 자크와 그의 주인』(*Jacques le fataliste et son maître*)은 영국 사상의 영향을 강하게 받아 다소 감상주의적 작가로서 디드로의 면모를 드러냈는데, 여기서 그는 의지의 자유와 같은 근본 문제에 대해 변증법적으로 해명하려고 시도했다. 하지만 그의 입장은 자주 불명료하거나 동요 상태에 있었다. 비극과 희극 사이의 제3의 장르인 "눈물 나는 희극"(comédie larmoyante)에서 이제 막 발전하기 시작한 "진지한 드라마"(drame sérieux)에 대한 당시 디드로의 혁신적 이론도 시작 단계에 머물러 있었다.

백과사전의 출현은 프랑스에서 계몽의 돌파구를 의미했다. 이제 백과사전학파를 중심으로 이신론적, 무신론적, 감각주의적이거나 유물론적인 경향으로 계속 발전되는 일련의 저작이 출판되었다. 더군다나 프랑스 계몽에서 점점 더 증대되는 자연주의적 경향은 이제 윤리학과 사회철학에서 인간과 인간 사회에 대한 견해에 점점 더 많은 영향을 끼치고 있었다. 이러한 유형의 "필로조프"들은 비록 수는 적었어도 당대를 넘어서 프랑스 자체에도 프랑스적 계몽의 이미지를 각인했다.

1739년부터 왕실 정원의 감독관으로 봉직한 조르주 루이 르클레르, 즉 뷔퐁 백작(George-Louis Leclerc, Comte de Buffon, 1707~1788)은 백과사전학파와 긴밀히 협력해 왔으나, 정치적 논쟁에는 개입하지 않았다. 그는 백과사전의 자연과학적 항목 대부분을 직접 작성하거나 간접적으로 관여했다. 1749년부터 그의 사후 1804년까지 출간된 기념비적인 저작 『박물지』(*Histoire Naturelle*)는 44권으로 구성되어 있는데, 이 책에는 자연의 여러 현상 형태와 추정된 역사가 서술되어 있다. 동시대인들은 이 작품을 백과사전과 비교하곤 했다. 뷔퐁은 목적인으로부터 자연을 설명하는 것을 거부하고 효용의 관점에서 자연을 기술한다. 그의 이론 중 일부는 시대적 한계가 분명하지만, 그는 많은 개인적 통찰과 과학적 낙관주의를 통해 무엇보다 근대 자연과학의 발전에 기여했을 뿐만 아니라 특히 그가 세련된 문장가였다는 점에서 자연과학에 대한 관심의 확산에도 기여했다. 뷔퐁의 학술원 취임 연설 『문체에 관한 논고』(*Discours sur le style*, 1753)에는 "문체는 사람 자체다"(Le style c'est l'homme même)라는 유명한 문장이 나온다.

클로드 아드리앙 엘베시우스(Claude-Adrien Helvetius, 1715~1771)는 이른 나이에 총괄 징세 청부인으로 임명되어 일찍이 부유해진 덕분에 자신의 성에 들어가 스스로의 철학적 성향에 몰두할 수 있었다. 초기의 몇몇 시 문학 작품 이후에 그는 자기애에 기초한 도덕철학과 법철학의 저술에 전념했다. 그의 가장 유명한 저작 『정신론』(*De l'esprit*)은 1758년 출간되었으나, 『인간론』(*De l'homme*)은 사후인 1773년에야 출간될 수 있었다. 정신에 관한 방대한 논고는 종교적이고 정치적으로 보수적인 세력들뿐만이 아니라 필로조프들 사이에서도 일반적인 비판을 받았다. 엘베시우스는 무엇보다 교회와 종교를 공격했다는 이유로 1년 후에 독일어 번역까지 계획되어 있던 자신의 저작을 회수해야 했다. 기본적으로 그는 이전과 이후의 많은 다른 철학자들처럼 자기애가 우리가 지닌 유일하게 실제적인 행위 동기라고 주장했다. 이에 따르면 우리는 자기애의 동기에 따라 쾌를 추구하고 불쾌를 피하려 한다. 그러므로 모든 것은 자기애의 올바른 방향에 달려 있으며, 이로써 자기애가 "공공의 이익"(le salut public)과 조화를 이루려면 무엇보다 자기애의 올바른 방향이 중요하다. 엘베시우스 역시 공공의 이익이 자기애를 지도하는 규범이어야 한다고 생각했기 때문이다.

　무신론적이고 유물론적 경향이 가장 두드러지는 철학자는 팔츠 출신의 남작 폴 앙리 디트리히 홀바흐(Paul Heinrich Dietrich Freiherr von Holbach, 1723~1789)이다. 그는 파리에서 자랐는데, 거기서는 폴 티리 돌바크(Paul Thiry d'Holbach)라는 이름으로 생활했다. 그는 백과사전의 공동 집필자였을 뿐만 아니라 자신의 재력으로 인해 이 작업의 가장 강력한 후원자 중 한 사람이었다. 그는 자신의 급진적인 확신을 다만 익명으로 또는 외국에서만 출판할 수 있었다. 무엇보다 그는 교회와 그리스도교에 맞선 일련의 논쟁적 저술을 집필했으며, 이러한 맥락에서 그는 이미 작고한 문법학자 뒤 마르세의 이름을 빌려 『편견론』(Essai sur les préjugés, 1769)을 출판했다. 이처럼 가명으로 출판했음에도 돌바크는 종종 이 논고의 저자가 자기 자신임을 밝히곤 했다. 그런 뒤 돌바크는 『자연의 체계』(Système de la nature, 1770)를 통해 자신의 확신을 근본적이고도 포괄적인 형태로 제시하려 했다. 그러나 이 책은 계몽주의의 반대자들뿐만 아니라 볼테르에 의해서도 격렬하게 비판받았다. 마지막으로, 그는 사회의 문제로 눈을 돌렸고, (자신의 유물론적 관념과 모순이 없지는 않지만) 행복주의 윤리학에 토대를 둔 이상적인 사회체계를 『사회적 체계』(Système social, 1773)와 『에토크라시』(Ethocratie, 1776)에서 보여 주려 했다.

　18세기 중반부터 후기 계몽주의에 이르기까지 다양한 출신과 다양한 의도를 가진 작가들이 사회 조직 개선 문제에 근본적으로 몰두하게 된 것은 무엇보다 프랑스의 경제적이고도 사회적인 위기 때문임이 분명했다. 그 당시 유토피아 소설과 학술적 의도를 지닌 논고 사이의 이행은 유동적이었다. 농부의 아들로 태어나 부모의 바람으로 사제가 된 장 메슬리에(Jean Meslier, 1664~1733)는 신앙이 없었음에도 불구하고 평생 사제로 살았고, 죽기 직전에 일종의 정치적 유서로『장 메슬리에의 생각과 감정에 대한 회고록』(*Mémoire des pensées et des sentiments de Jean Meslier*)을 썼다. 거기서 그는 교회에 대한 비판을 혁명과 공유재산제에 대한 요구로 발전시켰다. 이 책은 1762년에야 비로소 볼테르에 의해 급진적인 면을 덜어 내고 축약된 채 출판되었다. 메슬리에의 삶과 작품의 대조는 프랑스적 맥락에서 강요된 공적 순응주의와 사적 신념 사이의 불일치를 잘 드러낸다. — 공직자 귀족 가문 출신인 가브리엘 보노 드 마블리(Gabriel Bonnot de Mably, 1709~1785)는 성공적인 첫 저작에서 절대 군주제를 정당화하여 추기경의 서기관이 되었으나 나중에, 특히『입법 또는 법의 원리에 관하여』(*De la législation ou Principes des lois*, 1776)에서는 공산주의를 지향하는 민주적 사회질서를 요구했다. 나중에 자코뱅파는 그의 착상을 부분적으로 참조했다. — 루이 세바스티앙 메르시에(Louis-Sébastien Mercier, 1740~1814)는 개인이 공동체에 완전히 종속되는 미래에 관한 유토피아 소설『2440년』(*L'an deux mille quatre cent quarente*, 1770)으로 유명해졌다. 나중에 그는 현재 비극과 희극이 희곡의 하위 유형으로 기능한다는 영향력 있는 희곡 이론을 저술했다.

혁명 이전 수십 년 동안 경제적 및 사회적 사유에서의 유토피아적 기획과 달리, 처음에는 이른바 중농주의자들의 이론이 우세했다. 모든 부를 농업으로 환원하는 이 이론은 국가의 번영이 무역을 통해 획득한 금전적 부에 달려 있다는 (나중에 중상주의라 불리는) 전통적

이론에 반하는 것이었다. 중농주의 학설은 궁정 의사였던 프랑수아 케네(François Quesnay, 1694~1774)에 의해 창시되었다. 중농주의의 가장 잘 알려진 대표자는 튀르고(Turgot), 전체 이름은 안 로베르 자크 튀르고, 드 론의 남작(Anne-Robert-Jacques Turgot, Baron de l'Aulne, 1727~1781)으로서 비록 성공하지는 못했지만 잠시 장관직을 수행하기도 했다. 일부 중상주의자들은 자신들의 이론을 구현하기 위해 일종의 계몽된 전제주의를 희망했고, 따라서 그들은 다시 (계몽된) 절대주의를 옹호하는 쪽에 접근했다.

자유주의적이든 사회주의적이든 간에 프랑스에서 계몽운동은 국가와 교회에 의해 방해받는 경우가 많았다. 물론 계몽은 정신적 논쟁의 대상이기도 했으나, 공격받는 입장을 옹호하고 필로조프들을 조롱하려 한, 대체로 가톨릭쪽의 대항계몽도 존재했다. 계몽주의자들의 관점에서 볼 때 이러한 반(反)필로조프의 입장에 선 계몽주의 반대자 중 가장 유명한 대표자는 볼테르의 작업에 대항하는 사전을 펴낸 클로드 아드리앙 노노트(Claude Adrien Nonotte, 1711~1793)였다. 하지만 계몽이 실제로 처음 의문시된 것은 프랑스에 살면서도 외부인의 날카로운 시선으로 계몽의 한계를 폭로한 스위스인, 장 자크 루소(Jean-Jacques Rousseau, 1712~1778)에 의해서였다. 그는 볼테르가 찬양했던 파리의 살롱문화에 근본적으로 도전했고, 그의 감정종교는 특히 독일의 시인 모임에서 계몽주의적 지성종교를 이내 대체하게 되었다. 그에게 필로조프는 이상이 아니라 타락한 문화의 현상형식에 불과했다.

장 자크 루소는 제네바 공화국에서 칼뱅주의 시계공의 아들로 태어났다. 규율로 짜인 생활을 할 수 없었던 그는 어린 나이에 프랑스로 도주하여 어머니뻘 되는 여인(바랑 남작 부인)과 사랑에 빠진 뒤 그녀의 영향으로 가톨릭으로 개종했다. 1741년 그는 파리로 가서 백과사전학파, 특히 디드로와 교류하게 되었다. 1750년 그는 학문과 예술의 진보가 도덕성 향상에 기여했는지 묻는 디종 학술원의 현상과제에 시대정신과 달리 부정적으로 답했는데, 자신이 출품한 논문『학문과 예술에 대하여』(*Discours sur les Sciences et les Arts*, 1750)에 학술원이 1등상을 수여하면서 단숨에 유명해졌다. 그는『인간 불평등 기원론』(*Discours sur l'origine et les fondements de l'inegalite parmi les hommes*, 1755)에 관한 두 번째 논고를 또 다른 현상과제에 대한 답변으로 제출하여 성공을 거듭하려 했으나 이 시도는 실패했다. 그 사이에(1754년) 그는 제네바로 돌아가서 칼뱅주의로 개종하고 시민권을 취득한 후 교육받지 못한 어린 소녀를 생의 동반자로 택했다. 친구들의 재정적 후원으로 프랑스로 돌아온 그는 이제 자신의 주요 저서를, 이를테면,『쥘리 또는 신 엘로이즈』(*Julie: ou, la nouvelle Héloïse*, 1761),『에밀 또는 교육론』(*Emile: ou, de l'éducation*, 1762),『사회계약론』(*Du contrat social*, 1762)을 연달아 집필했다. 하지만『에밀』의 출판은『에밀』의 제4부에 포함된 자연 종교와 감정종교를 전파하는 사부아 보좌신부의 신조가 교회에 의해 혹독하게 비판받았기 때문에 몇 년 동안 정치적 박해로 이어졌다. 파리 의회는 루소에 대한 체포 영장을 발부했고, 그의 책은 파리와 제네바에서 공개적으로 불태워졌으며, 루소는 숨어 살아야 했다. 이리하여 그는 흄을 따라 영국으로 망명하여『고백록』(*Confessions*)을 집필하기 시작했다. 1767년, 박해에 대한 망상과 신경 쇠약에 시달리던 그는 프랑스로 돌아와 생애 마지막 몇 년을 완전히 은둔하며 보냈다.

프랑스의 정치적 및 문화적 상황에 대한 비판가인 루소는 절대주의와 계몽 전반에 대한 비판가가 되었으며, 급기야 자연이라는 오래된 원천의 새로움을 조명한 예언자가 되었다. 그의 첫 번째 논고는 문명에 대한 반지성주의적인 비판을 열정적으로 제출한 것이다. 그에 따르면 학문과 예술은 무익하고 해로우며, 인간의 선한 본성뿐만 아니라 특히 인간이 본래 지닌 공동체적 미덕을 타락시켰다. 두 번째 논고에서 루소는 인류의 발전을 보다 차별화된 방식으로 고찰하려고 시도한다. 이에 따르면 자연인은 본래 홀로 만족하며 살았고, 사람들은 다만 짝짓기를 할 때에만 모여 지냈다. 사람들이 서로를 필요로 하게 된 순간 비로소 본래적 평등이 사라졌다. 말하자면 농업과 분업이 도입되면서 사유 재산이 생겨나고 이로써 국가 계약을 통해 시민들의 불평등과 부자유를 성문화하는 시민사회가 생겨나면서 그렇게 되었다. 본래 자연적인 자기애는 이렇게 해서 유해하고 사악한 이기심이 되었다. 그 핵심적인 부분을 이미 1754년에 집필해 둔 『사회계약론』에서 루소는 현대사회의 조건에 대한 역사적 및 비판적 이해를 위한 방향으로 한 걸음 더 나아갔다. 이제 사회계약은 가능한 한 인간의 자기완성을 위한 필수 단계로 간주된다. 국가 이전의 자연인은 자유롭고 자급자족하는 존재로서, 시민적 자유라는 더 높은 수준의 자유를 되찾기 위해 다만 자신의 자연적 자유를 지양한 존재이다. 사회계약에서는 모든 특수한 의지보다 절대적으로 규범적 우위에 있는 "일반의지"(volonté générale)가 형성되지만, 이를 단순히 개별 의지들의 총합인 "전체의지"(volonté de tous)와 혼동해서는 안 된다. 사회계약은 개인과 그의 생명 및 재산을 보호한다. 선량한 시민은 일반의지 속에서 자기 자신을 거듭 발견하며, 자기 자신에게 복종함으로써 루소가 국가 또는 인민(Volk)이라 부른 공동체에 복종하기 때문에 자유를 유지한다. 따라서 인민의 주권은 분할될 수 없으며 양도할 수 없다. 단 개별적으로는 국가의 권력 분할과 관련하여 특수한 협의가 가능하기는 하다. 이러한 인민 주권 이론으로 루소 스스로는 그 자신이 찬미했던 제네바 공화국의 모델에 기초한 소규모 정치공동체의 이상을 고수함에도 불구하고, 나중의 역사에 비추어 볼 때는 프랑스혁명과 19세기 및 20세기에 출현한 민족주의적이고 신비주의-전체주의적 국가 철학에 자양분을 제공했다.[2]

사회 상태에 대한 루소의 비판과 참된 사회를 향한 추구는 거의 피할 수 없이 그가 도덕과 교육의 문제를 탐구하도록 이끌었다. 그러나 그의 서간문 형식의 "철학소설"(roman philosophique) 『쥘리 또는 신 엘로이즈』의 주제는 처음에는 여전히 개인들 사이의 성애적 갈등의 해결이다. 소설의 여주인공 쥘리는 그녀와 자신의 남편, 그리고 자신의 연인 사이의 삼각관계에서 체념과 의무를 택하지만, 이성의 비극적 승리는 기본적으로 감정의 권리가 높이 평가되고 있다는 증거다. 이 책은 당대에 문학 분야에서 최고의 베스트셀러가 되었다. 그러고 나서 루소는 『에밀』에서 어린 시절에 대한 새로운 이해 방식을 확립했다. 모든 것이 원천적으로 그러하듯, 어린이 역시 자연본성상 선하며, 교육의 첫째가는 주요한 임무는 어린이가 모든 종류의 해로운 영향을 받지 않도록 거기서 멀리 떼어 놓는 것이어야 한다(그런데 이

---

2 [옮긴이] 루소를 전체주의 정치철학의 선구자로 보는 저자의 이러한 평가는 2차 대전 직후에 유포된 선입견적 해석에 기초하는 것으로 보인다. 오늘날 루소는 프랑스 공화주의 정치철학의 선구자로 해석되는 편이다.

는 오직 사교육을 통해서만 실천적으로 가능하다). 또한 교육은 어린이의 성장 단계를 고려하여 각각의 어린이에 맞춰 학습이 이루어질 수 있도록 해야 한다. 게다가 올바른 교육은 성별에 따른 교양교육도 포함한다. 이런 식으로 루소는 여성을 자연스럽고 감정적인 존재로 보는 새로운 견해의 토대를 마련했다.

　루소의 세계관, 즉 자연에 대한 열광적인 이해, 감정에 대한 재평가, 정치적 공동체에 대한 새로운 이해, 어린 시절에 대한 발견, 성별 관계에 대한 재해석, 열정적인 언어 등 이 모든 것은 철학, 정치학, (특히 독일에서 발전한) 교육학뿐 아니라 가장 넓은 의미에서 문학에도 영향을 끼쳤다. 이제 어디서나 루소주의적 경향, 즉 규범적인 전원시(田園詩, Idylle)가 계몽의 합리주의적 경향과 경합하게 된다. 물론 고전적인 계몽 문학이라고 말할 수 있는 작품도 여전히 존재하지만, 현재 대성공을 거둔 작품들은 일반적으로 새로운 양식에 속한다. 젊은 작가들의 공통점은 이들 모두가 후기 절대주의 프랑스의 도덕적 상황을 고발하고 있다는 것이고, 이는 역사적 관점에서 볼 때 사실상 혁명의 전조이다. 예를 들면, 루소의 영향 아래 자크 앙리 베르나르댕 드 생피에르(Jacques-Henri Bernardin de Saint-Pierre, 1737~1814)는 자연에서 자라난 두 어린이가 타락한 파리 사회로 인해 좌절한다는 내용의 소설 『폴과 비르지니』(*Paul et Virginie*, 1788)를 써서 큰 성공을 거두었다. 니콜라 에드메 레티프 드 라 브르통느(Nicolas Edme Restif de la Bretonne, 1734~1808)는 서간 소설 『타락한 농민 또는 도시의 위험』(*Le paysan perverti ou Les dangers de la ville*, 1776)에서 도시와 시골의 유사한 도식을 설정했는데, 이 소설은 시골에서 온 한 남매가 도시의 위험을 견디지 못하고 죽음에 이른다는 내용이다. 그러나 가장 성공적인 작품은 피에르 앙브루아즈 프랑수아 쇼데를로 드 라클로(Pierre Ambroise François Choderlos de Laclos, 1741~1803)의 서간 소설 『위험한 관계』(*Les liaisons dangéreuses*, 1782)였는데, 이 작품은 귀족을 비판하려는 의도에서 박해받는 순수함이라는 주제를 다룬다. 동시에 사드 후작(Marquis de Sade, 1740~1814)의 소설은 선한 본성이라는 이념을 전복시키는데, 그의 작품은 충동의 해방과 향유를 매우 급진적으로 선전한다.

이제 사회비판적 경향은 극장에도 널리 퍼졌으며, 특히 희극에서 이러한 경향이 두드러진다. 이 분야에서 피에르 드 보마르셰(Pierre-Augustin Caron de Beaumarchais, 1732~1799)는 계몽적인 도덕 설교가 아니라 의미심장하지만 유쾌한 연극으로 오늘날까지도 유명하다. 그의 첫 번째 성공작은 『세비야의 이발사』(*Le Barbier de Séville*, 1775)로, 이는 여전히 이탈리아의 '코메디아 델아르떼'(comedia dell'arte)를 모범으로 삼고 있어 '오페라 코믹'(opéra comique)을 지향하는 편이다. 주인공은 알마비바 백작이 아니라 귀족사회의 정체를 폭로하는 그의 하인 피가로이다. 훨씬 더 유명한 후속작인 희극 『피가로의 결혼』(*La folle journée ou Le mariage de Figaro*)은 수년간 검열의 갈등 끝에 1784년에야 상연될 수 있었다. 여기서 귀족 비판의 정치적 강조는 더욱 분명해진다. 희극은 아슬아슬하게 비극적 귀결을 모면하고, 갈등은 다시 한 번 유쾌하고 명랑하게 해결된다.

여러 지역에서 다양한 반란이 일어난 다음, 1789년 파리에서 대혁명이 일어났다. 재정 부족으로 인해 루이 16세는 1789년 2월에, 1614년 이후 처음으로 프랑스 의회, 이른바 삼부회를 소집했다. 시민계급의 대표자들은 신분에 따라 나뉜 이 의회에서 불리한 입장에 있었기 때문에, 그들은 미라보 후작(Marquis de Mirabeau, 1749~1791)의 지지를 받아, 그리고 시에예스 신부(Abbé Sieyès, 1748~1836)와 그의 팸플릿 「제3신분이란 무엇인가?」(Qu'est ce que le tiers état?)을 통해 자신감이 강화되어 홀로 국민회의의 자격을 선언했고 국왕의 해산 명령을 거역했다. 이것은 최초의 혁명적 행동이었다. 얼마 후 베르사유에서 국민회의가 열리고 헌법을 논의하는 동안 파리에서 민중 봉기가 일어났고 1789년 7월 14일 바스티유가 습격당했으며, 많은 농민들이 봉기에 가담하여 귀족들을 몰아내기 시작했다. 그러다가 10월에는 파리의 시장 여성들이 이끄는 대규모 군중이 베르사유로 행진하여 왕실 가족을 포로로 삼아 파리로 데려왔다. 이제 국민회의도 파리에 와서 거리의 압력을 받았다. 어쨌든 그들 중 온건파는 1791년에 부유한 시민계급의 이익이 반영된 첫 번째 헌법을 통과시킬 수 있었다. 국왕은 나라를 떠나려다가 투옥되었다. 이로써 프랑스는 사실상 공화국이 되었다.

그런데 동시에 혁명의 두 번째 급진적 단계인 핏빛 테러가 시작되었다. 프로이센-오스트리아 군대가 포위당한 왕을 돕기 위해 파리에 접근하자, 흥분한 군중은 새로운 헌법에 대한 서약을 거부한 많은 귀족과 성직자들이 투옥된 감옥으로 돌진했고, 이들은 1792년의 9월학살로 살해당했다. 국민대회에서 온건한 지롱드파(Girondins)는 조르주 자크 당통(Georges Jacques Danton, 1759~1794)과 막시밀리앙 프랑수아 마리 이지도르 드 로베스피에르(Maximilien François Marie Isidore de Robespierre, 1758~1794)로 대표되는 자코뱅파(Jacobins)의 선동자들에 맞서 헛되이 투쟁했다.

이제 한 사람의 시민 "루이 카페"(Louis Capet)로 불리게 된 왕은 반역죄로 기소되어 1793년 1월 사형을 선고받아 처형당하고, 이후 외국인으로서 미움을 받던 오스트리아 출신 왕비 마리 앙투아네트(Marie Antoinette, 1755~1793)도 처형당했다. 뒤이어 지롱드파의 다수 역시 박해받고 처형당했으며, 마침내 로베스피에르는 유혈 사태의 종식을 호소한 자신의 경쟁자 당통까지 살해했다. 이제 프랑스는 로베스피에르가 이끄는 공안위원회에 의해 통치된다. 로베스피에르는 특히 혁명 수비대를 통해 자국 내 봉기를 유혈 진압하는 데 열중했으며, 무엇보다도 "혁명 달력"을 도입하고 국가를 새로운 행정 구역으로 나누고 "최고 존재"를 숭배하는 국교를 결의함으로써 완전히 새로운 프랑스를 만들려고 했다. 분명 그는 모든 반대자들을 청산함으로써 미덕의 제국을 만들 수 있다고 확신했다. 그러나 1794년 7월 27일 공안위원회에서 반란이 일어났다. 그동안 모두가 자신의 목숨을 부지할 수 있을지 두려워해야 했기 때문에 반란의 이유는 충분했다. 다음날 로베스피에르는 헛된 자살 시도 끝에 처형당했다. 이제 자코뱅파가 이끌던 공안위원회는 온건한 지도부로 교체되었고, 재정을 복구하고 프로이센과 오스트리아에 맞서 군대를 조직하려는 시도가 생겨났다. 왜냐하면 1792년 유명한 발미 전투에서 대포에 의해 후퇴할 수밖에 없었던 두 나라가 제2차 연합 전쟁으로 새로운 공화국을 다시 정복하려고 하기 때문이다. 1799년 강력한 장군 나폴레옹 보나파르트(Napoléon Bonaparte, 1769~1821)는 쿠데타로 정부를 전복시켰고, 처음에는 제1통령, 나중에는 프랑스 황제가 되어 프랑스의 권력을 장악했다.

프랑스혁명이 일어났을 때, 계몽의 주요 인물들은 거의 모두 생을 마감한 상태여서 철학자들이 정치적 사건에 직접 관여하는 일은 없었다. 심지어 아직 살아 있는 백과사전학파의 대부분은 혁명에 반대하기도 했다. 혁명에 적극적으로 가담한 몇 안 되는 사람 중 하나는 콩도르세 후작(Marquis de Condorcet, 1743~1794)이었다. 그는 일찍부터 파리의 계몽주의 모임에 참여하여 수학 및 과학 연구로 유명해졌으며, 혁명 동안 온건한 지롱드파의 대표로서 입법부의 대의원이 되었으며 일시적으로 의장도 역임했다. 급진적인 자코뱅파에 의해 지롱드파가 전복된 후 그는 비난을 받았으나 피신하여 숨어 지내면서 자신의 저작 『인간 정신의 진보에 관한 역사적 개요』(*Esquisse d'un tableau historique des progrès de l' esprit humain*)를 완성했다. 철학, 과학, 예술의 진보에 대한 이 웅변적인 찬사에서 프랑스적 계몽은 어느 정도 자기반성에 이르며, 이렇게 해서 복권되고 예찬되는 데카르트부터 진정한 사회적 자유의 시작이라고 칭송되는 프랑스혁명까지의 시대는 마지막 역사적 시기로 나타난다. 콩도르세에 의해 수행된 새로운 "분석적인" 철학은 아직은 다른 학문과 다소 혼합되어 있긴 하지만, 그럼에도 더 많은 진보를 이룩하고 인간이 완전해지는 길을 조직화한다.

4. '레 뤼미에르'(Les Lumières) ── 해석과 자기해석

"비판"과 "혁명"이라는 표제어는 프랑스에서 계몽의 시대의 두 가지 두드러진 측면을 강조하며, "무신론"과 "유물론"이라는 표제어보다 더 많은 형식과 현상을 포착한다. 필로조프들의 출판 활동은 공격적이고 언어 면에서 급진적이며, 국가와 교회에 대한 비판이 프랑스에서만큼 논쟁적인 곳은 없었다. 그리고 오직 프랑스에서만 1789년의 혁명과 같은 사회적 조건의 총체적인 격변이 일어났다. 프랑스 대혁명은 단연 정치적 혁명이며, 적어도 프랑스 계몽의 종착점에 해당한다. 그러나 물론 프랑스 계몽 전체를 비판과 혁명의 현상으로 사후적으로 꿰어 맞추려 해서는 안 된다. "비판"과 "혁명"이라는 개념은 18세기 프랑스에서 마지막까지 거의 아무런 역할도 하지 않았기 때문이다. 비판은 프랑스 계몽에서도 역시 무엇보다도 문헌학적이고 역사적인 비판과 심미적 판정을 의미했다. 계몽의 시대에도 1789년까지는 혁명이 무엇보다도 행성의 회전을 의미했고, 정치적 격변의 의미는 흐릿했다. 혁명의 현대적 용례는 혁명 자체를 통해 비로소 형성되었고, 이렇게 해서 혁명과 개혁의 구분도 생겨났다.

프랑스 계몽에 대한 해석은 본질적으로 프랑스혁명과의 관계에 대한 해석에 의해 결정되지만, 그 관계는 여러 의미로 해석 가능하다는 점에서 모호하다. 왜냐하면 혁명의 평가에서 자기 자신의 정치적 입장이 자연스럽게 중요한 역할을 하기 때문이다. 혁명가들, 또는 적어도 가장 중요한 지도자들 중 일부는 말과 행동이 일관된, 즉 실천 지향적인 계몽주의자, 혹은 최소한 어느 정도는 계몽의 옹호자이지 않는가? 계몽은 의식적으로 또는 무의식적으로 혁명을 준비했는가? 계몽에 대한 당대의 반대자들과 혁명의 적들조차도 혁명은 계몽의 필연적인 귀결이며 심지어 계몽의 주요 인물들에 의해 선동되었을 수도 있다는 식으로 양자의 인과관계가 명료하게 인식될 수 있다고 주장했다. 반면에 계몽을 지지했으나 (특히 마지막 단계에서는) 혁명에 반대한 다른 이들은 도리어 혁명에서 계몽의 역할을 최소화하려고 했다. 이들에 따르면, 계몽은 본질적으로 정신적인 운동인 반면,

혁명, 적어도 사회적 혁명은 파리의 폭도들의 작품이다. 그럼에도 분명한 사실은 혁명의 지도자들이 저마다 루소가 제시한 계몽은 물론이고 그의 계몽 비판에 관한 사상도 활용했고, 이러한 사상 중 일부를 "자유, 평등, 박애"나 "인간과 시민의 권리"와 같은 매력적인 구호로 정식화했다는 점이다. 많은 혁명가들이 필로조프들의 이론에 대해 거의 알지 못했을지라도, 그들이 언제 어디서나 고수한 비판적 사고 방식은 확실히 대격변의 기반을 마련하는 데 도움이 되었다. 그러나 프랑스혁명은 또한 이론적-비판적 토론이 얼마나 쉽게 실천적-독단적 행동으로 전도될 수 있는지를 보여 줄 뿐만 아니라 (어느 정도 폐쇄적인 이론으로 간주되는 경우) 계몽조차도 반계몽주의적 정치 폭력의 도구가 될 수 있다는 점을 보여 준다.

더욱이 프랑스 계몽에 대한 해석은 그 자체로 모호했던 프랑스 혁명과의 관계에 대한 해석에만 의존해서는 안 된다. 프랑스 계몽을 해석하기 위해서는 또한 그 대표자들의 자기 이해도 고려해야 하며, 무엇보다 가능하다면 계몽에 대한 프랑스적 개념을 고려해야 한다. 그런데 프랑스어에는 독일어의 'Aufklärung'(계몽)에 대응하는 낱말도 없고 'Aufklärer'(계몽주의자)에 대응하는 낱말도 없다. 물론 'éclairer'(aufklären, 계몽하다)라는 동사와 그 분사형 'éclairé'(aufgeklärt, 계몽된)가 있기는 하다. 비유적인 의미로 인식이나 통찰을 의미하는 'les lumières'(die Lichter, 빛)이라는 표현도 존재한다. 이 표현에서 유래하여 프랑스에서 계몽의 시대는 'le siècle des Lumières', 즉 빛 또는 인식의 세기라고 불린다. 'éclairer'와 'lumière'라는 두 근본 개념은 18세기에 프랑스적 계몽의 자기 해석에서 중요한 역할을 한다. 이미 17세기 후반에 빛의 은유의 세속적인 사용이 증가했는데, 이는 데카르트의 구호인 "명석판명한 인식"의 영향이었는지도 모른다. 더 놀라운 것은 계몽에 대응하는 낱말의 결핍, 따라서 목표를 설정하는 개념이 부재한다는 점이다. 추정컨대 필로조프들은 집단적 의식을 지녔음에도 불구하고 독일의 계몽주의자들과 비교할 때 그들 스스로가 보편적 목표로 설정한 행동(민족계몽)의 책무가 크다고 느끼지 않았을 것이다.

IV. 독일: 형이상학과 개혁

1. 계몽과 절대주의

영국과 프랑스와 마찬가지로, 독일에서도 계몽의 출발점은 오랜 전사(前史)의 결과였다. 이미 '도이칠란트'(Deutschland)이라는 이름조차 지리적으로나 정치적으로는 물론이고 문화적으로도 상당히 모호한 명칭이며, 특히 시대착오적인 명칭이기도 하다. 독일적인 것은 좁게는 대략 오늘날의 독일에 해당하는 지역을 의미하지만, 더 넓게는 18세기 독일 제국, 따라서 구 동독과 오스트리아도 포함하며, 가장 넓게, 즉 문화와 관련해서는, 전체 언어로서 독일어 사용 권역을 의미한다. 중세 시대에는 게르만족으로부터 신성로마제국의 황제가 배출되었고, 특히 제왕적 권위와 관련된 문제로 인해 독일은 중앙집중적 민족국가로 발전할 수 없었다. 그것은 이해관계가 상충하는 300개 이상의 공국 및 자유 제국 도시 등으로 분열된 정치적 조직으로 남아 있었다. 이러한 정치적 영토주의는 종교개혁 이후 교회의 분열로 더욱 심화되었고, 이는 17세기에 교파화(Konfessionalismus)를 유발했다. 영국에서는 종교전쟁을 기점으로 프로테스탄트주의가 정치적으로 관철되었고, 프랑스에서는 가톨릭주의가 군주제와 연합하여 모든 이탈자를 진압할 수 있었던 반면, 독일에서는 18세기까지도 여전히 루터교도, 칼뱅교도, 가톨릭교도라고 불리는 세 "종교" 내지 교파들의 투쟁이 무승부 상태로 남아 있었다. 이러한 종교적-정치적 상황은 근본적으로 1648년 베스트팔렌 평화조약에 의해 승인되었다. 독일 내의 종교적이고도 정치적인 분권주의는 이로부터 귀결되는 문화적 특수주의의 시발점일 뿐만 아니라 18세기 전반에 걸쳐 편재한 배경으로서 독일의 정신적 발전에 결정적인 역할을 했다.

17세기에 영국과 프랑스에서 중앙집권적 민족국가의 형성이 서로 다른 방식의 절대주의적 경향으로 이어졌듯, 소국 분립 상태의 독일 역시 그러한 경향으로 나아갔다. 그러나 영국에서는 결국 절대주의의 기회가 없었고, 1688년 원칙적으로 극복된 반면, 독일과 프랑스에서는 절대주의가 계속 권력을 장악했고 18세기 말까지 유지되었다. 물론 차이가 있다면, 프랑스의 절대주의가 하나의 거대한 민족국가를 이룬 데 비해 독일에서는 하나의 강력한 가부장적 국가를 이루는 데 합의한 다수의 작은 지역의 군주들이 있었다는 점이다. 브란덴부르크-프로이센에서만 절대주의가 더 큰 규모로 발전할 수 있었다. 여기서 그것은 권력 강화 및 확장 정책과 일관되게 결합했기 때문이다. 이는 곧 수 세기 동안 프로이센은 물론이고 독일의 성격으로 각인되는 모든 영역의 결정적인 관료화와 군사화로 이어졌다. 이러한 정책의 첫 번째 정점은 1701년의 왕권 획득이었다.

통치 중인 호엔촐레른 왕조의 가장 중요한 후손인 프리드리히 2세(Friedrich II., 1740~1786 재위)는 이미 동시대인들에 의해 '프리드리히 대제'(Friedrich der Große) 또는 '유일자 프리드리히'(Friedrich der Einzige)라고 불렸는데, 그는 이미 황태자였을 때부터 시와 음악에 대한 비범한 관심을 가졌을 뿐만 아니라 당대 프랑스의 계몽 철학, 특히 볼테르를 선호했다. 따라서 여러 계몽주의자들은 그에게서 미래의 철학자 왕("북방의 솔로몬")을 보고 싶어 했다. 그러나 그는 집권하자마자 오스트리아의 여왕 마리아 테레지아(Maria Theresia, 1740~1780 재위)와의 전쟁에 참전했고 그녀가 여제로 선출되는 것을 막으려 했다. 그는 실레지아 전쟁에서 오스트리아에 속했던 실레지아를 프로이센 영토로 정복하는 데 성공했다. 그다음 그는 자신의 정신적 관심사에 집중하여 포츠담에 로코코 양식의 상수시 궁전을 짓고 그곳에서 유명한 원탁 식사 모임을 하며 휴식을 취했다. 그 모임에는 무엇보다 볼테르와 라 메트리와 같은 프랑스 계몽주의자들이 초대되었다. 그러나 마리아 테레지아가 외교적으로 프로이센을 포위하기 시작하자 프리드리히는 이제 예방 전쟁으로 7년 전쟁(1756~1763)을 벌였고, 이것은 양편이 다 소진될 때까지 무익하게 계속되었다. 그 후 "노인 프리츠"(Alte Fritz)는 특히 프로이센 왕을 모범으로 삼아 존경했던 요제프 2세(Joseph II., 1765~1790 재위)의 즉위 이후 오스트리아와의 관계가 완화되면서 국가의 재조직화와 현대화에 전념할 수 있었다. 그러나 그가 드러낸 보통 사람을 무시하는 경향은 자신의 본래적 이상주의를 깎아내렸다. 계몽된 군주로서 프리드리히 2세는 본래 계몽 철학을 정치적 실천에 적용하고 만인을 계몽하려 했으나, 이제는 인민들이 계몽될 자격이 없다고 믿었다.

계몽주의와 절대주의 사이에서 분열된 프로이센 왕은 18세기 독일을 다른 무엇보다 "프리드리히의 세기"로 규정했다. 곧 그의 인격의 양면성에 대한 지성계의 의견은 가톨릭과 프로테스탄트 구역뿐만 아니라 개신교 국가들 내부에서도 서로 엇갈렸다. 프리드리히는 프로이센을 계몽의 새로운 중심으로 만들었지만, 그의 선호로 인해 포츠담 궁정과 베를린 학술원에 만연한 프랑스 계몽주의는 관료, 교사, 목사 및 자유저술가 등 독일 계몽 철학에서 교육받은 이들로 구성된 베를린의 독일적 계몽사회와 점점 더 큰 대조를 이루었다. 어느 쪽이든 간에, 프로이센은 자신의 지성의 자기 이해, 즉 "계몽된 관료주의"(aufgeklärten Bürokratie)에 따라 계몽국가로 머물렀다. 하지만 프리드리히의 죽음과 함께 프로이센에서도 계몽의 급속한 종말이 시작된다. 프로이센의 일반 토지법(1794)은 여전히 본질적으로 계몽의 산물이지만, 1788/1789년의 종교 칙령은 일찍이 법을 통해 현대적 정신을 억제하려는 시도를 의미한다. 프랑스혁명의 여파로 전쟁이 발발하면서 구 프로이센은 군사적 종말에 이른다.

제국 안의 가톨릭 국가와 개신교 국가 간의 대립은 무엇보다도 정치적인 이유로 남아 있지만, 개신교 내부에서 종교적 전선은 점차 중요성이 상실되었다. 그럼에도 불구하고 독일 계몽에서 종교 문제가 오랫동안 중요한 역할을 했다는 점은 독일 계몽의 중요한 특징으로 남는다. 물론 정치적 측면에 관한 한, 종교적 문제는 1648년에 원칙적으로 해소되었다. 그런 점에서 독일의 상황은 말하자면 종교적 광신도에 대한 평신도의 승리, 즉 정치적 및 종교적 분열에 기초한 타협을 통해 영국과 프랑스보다 훨씬 빨리 진정되었다. 어쨌든 교파의 영토주의는 개인적 양심 문제가 있을 때 항상 다른 영토로 벗어날 선택지를 제공했다. 게다가 한 영토에 여러 교파가 있는 경우도 있었고, 때로는 특히 정치적인 이유로 왕족 수준에서 이목을 끄는 서로 다른 교파와의 결혼이나 개종이 일어나기도 했고, 연합과 재결합 협상을 통해, 또한 경건주의에서처럼 경건함을 통해, 또는 특히 초기 계몽에 서처럼 도덕을 통해, 종교적 분열을 극복하려는 다양한 시도도 있었다. 어느 쪽이든 간에 처음부터 급진적인 종교비판을 일으킬 이유는 없어 보였으나, 이 주제를 매우 조심스럽게 다루어야 할 충분한 이유가 있었다. 독일 계몽주의자들은 일반적으로 '이성적인'(vernünftigen) 기독교를 신봉하며, 이를 바탕으로 많은 신학자들 또한 계몽주의자로 참여할 수 있었다.

계몽운동을 위해 중요한 종교와 신학의 발전은 가장 먼저 개신교에서 일어났다. 이미 17세기 후반부터 루터 정교회에서 신앙 문제의 심각성이 표출되자 이에 대한 반작용으로 경건주의 운동이 일어났다. 이 운동은 계몽과 거의 동시에 시작된 만큼 계몽과 닮아 있었으며, 따라서 처음에는 신앙 경험의 내재성과 신앙의 실천적 수행에 초점을 맞추어 계몽과 연합할 수 있었다. 경건주의 운동의 창시자는 필립 야콥 슈페너(Philipp Jakob Spener, 1635~1705)로서 그는 추종자들과 함께 성경 읽기 모임인 "경건한 자들의 모임"(Collegia pietatis)을 시작했고, 1675년 『경건한 열망』(Pia desideria)이라는 제목의 저술을 출판했다. 나중에 '경건주의자'(Pietisten)라고 조소를 받는 그의 추종자들 가운데 가장 중요한 인물은 아우구스트 헤르만 프랑케(August Hermann Francke, 1663~1727)였는데, 그는 할레 대학에 봉직한 신학자였고 무엇보다 거기서 유명한 고아원을 설립했다. 그는 한편으로 경건주의를 회심신학으로, 다른 한편으로 세계 안에서의 실천적 작용으로 발전시켰다. 나중에 경건주의는 무엇보다 니콜라우스 루트비히 폰 친첸도르프 백작(Nikolaus Ludwig Graf von Zinzendorf,

1700~1760)에 의해 종교적 신비주의로, 요한 알브레히트 벵겔 (Johann Albrecht Bengel, 1687~1752)에 의해 종말론적 역사신학으로 발전되었다.

경건주의가 이론적 및 실천적으로 확립된 후 계몽주의와 날카롭게 맞서기 시작한 반면, 계몽주의 철학은 점차적으로 신학에 영향을 가해서 말하자면 눈에 띄지 않게 신학에 침투할 수 있었다. 처음에 신학자들과 철학자들은 이성과 계시가 원칙적으로 서로 모순되지 않음에 (적어도 구두로) 합의했다. 게다가 세계에 대한 자연과학적 서술과 설명을 신의 현존의 증거로 제출하는 것이 (이른바 자연신학에서) 일시적으로 유행하기도 했다. 그럼에도 이성과 계시의 조화를 전제하는 틀 안에서 상충되는 경우에 표준적인 기준을 마련하기 위해 이성은 점점 더 발전했다. 그런 뒤, 18세기 중반 신학에서는 개인적 신앙과 성경에 대한 합리적 설명 가능성에서 출발한 신신학(Neologie)이 광범한 흐름으로 나타났다. 그러나 거의 동시에 성경 비판의 급진화도 시작되었다. 이는 18세기 후반에, 특히 영국의 이신론의 영향 아래, 예컨대, 모든 기적을 부정하는 식으로, 이른바 합리주의 [신학으]로 이어졌다. 이러한 논의에서 거의 완전히 벗어나 있었던 가톨릭에서는 18세기 말에야 비로소 교황권의 간섭을 배제하려는 계몽주의적 개혁운동인 페브로니우스주의(Febronianismus)가 퍼져 나갔다.

독일의 제도적이고 물질적인 토대 면에서 볼 때, 독일의 문화적 상황은 정치적 및 종교적 상황과 일치했다. 독일은 종교적-정치적 통일은 물론이고 경제적 통일도 이루지 못했고, 기껏해야 문화적 통일만 이룬 상황이었으며, 그 결과, 독일에는 수도, 즉 정치적 및 정신적 중심지가 존재하지 않았다. 독일의 문화공간은 공통의 언어를 가지고 있었지만, 거기에는 대규모 공통문화를 연마하는 일도, 이를 위한 민족적 학술원의 후원도 부족했다. 더군다나 독일어는 18세기까지 대학에서는 라틴어의 그늘에, 궁정에서는 프랑스어의 그늘에 머물렀다. 개별 공국은 정치력을 확보하기 위해 관료 양성 기관으로 대학이 필요했고, 교파에 따라 대학이 서로 구별되면서 독일은 (1700년경 약 40개의 대학이 존재했을 정도로) 대학의 나라로 발전했으며, 이러한 지식 문화는 프랑스의 영향을 받은 궁정 문화와 분명히 구별되는 것으로 남아 있었기 때문이다. 게다가 교수들의 출신 성분인 시민계급은 동질적이지 않고 분열되어 있었으며, 정치적으로 무력했고, 예술과 문화의 소비자로도 거의 고려되지 않았다. 그럼에도 18세기를 지나는 동안, 특히 계몽의 영향 아래, 모든 정치적 및 종교적 경계를 넘어서, 오스트리아와 스위스의 독일어 사용 지역 등을 다소 포함하여, 서로 연관된 독일어 문화공간이 점차 나타났다. 보다 정확히 말하면, 두 가지 문화공간 또는 두 초점을 가진 하나의 문화공간이 있었는데, 그것은 가톨릭적인 것과 프로테스탄트적인 것이었다.

18세기는 독일에서 가장 풍요롭고도 다양한 문화 시대 중 하나였으나, 물론 예술과 과학과 같이 서로 다른 분야에서 문화의 발전은 매우 상이한 여건에 있었다. 자연과학과 기술은 지역 학술원의 후원에도 불구하고 상대적으로 경미한 역할을 했다. 자연과학자인 동시에 재치 있는 격언으로 철학적 사색을 겸했던 게오르크 크리스토프 리히텐베르크(Georg Christoph Lichtenberg, 1742~1799)와 같은 인물은 독일에서 예외적인 경우로 남았으며, 당시 독일적 학술문화 가운데 레온하르트 오일러(Leonhard Euler, 1707~1783)가 연구를 주도한 수학만이 높은 수준을 보여 주었다. 영국과 프랑스에서와 마찬가지로 독일에서도 예술과 계몽의 연관성은 상당히 약했다. 예술은 고유한 방식으로 전개되었고, 그 기원은 대부분 계몽에 앞서 놓여 있었다. 예를 들어, 조형예술은 종교개혁과 절대주의에 봉사하는 대표적인 예술로 남아 있었다. 다니엘 니콜라우스 호도비에키(Daniel Nikolaus Chodowiecki, 1726~1801)만이 그 자신의 아이러니하고 강력한 문학적 판화예술로 인해 어떤 좁은 의미에서의 계몽, 즉 프로이센의 계몽문화에 귀속시킬 수 있는 유일하게 중요한 화가이자 판화가였다.

일부 예술은 심지어 계몽을 거스르는 태도를 취하는 것처럼 보이는데, 당대 음악 가운데 오늘날에도 여전히 살아 있는 작품들, 즉 개신교 국가에서 게오르크 프리드리히 헨델(Georg Friedrich Handel, 1685~1759)과 요한 제바스티안 바흐(Johann Sebastian Bach, 1685~1750)와 가톨릭 국가에서 요제프 하이든(Joseph Haydn, 1732~1809)과 볼프강 아마데우스 모차르트(Wolfgang Amadeus Mozart, 1756~1791)의 작품들은 직접 계몽을 정서적으로 보완하려는 시도로 보인다. 하지만 강력하고 생산적인 경향은 음악뿐만 아니라 철학에서도 (영국과 프랑스의 사교문화와 달리) 내재성의 문화의 일관된 표현으로 간주될 수 있다. 어쨌든 계몽 자체는 일차적으로 특히 철학과 문학에서 표현되는 이성의 문화이다.

2. 강단 철학과 세속 철학

독일에서 철학은 본질적으로 두 가지 요인에 의해 결정되었다. 즉, 한 요인이 기독교와 절대주의 국가와의 전반적으로 긍정적인 관계라면,

또 다른 요인은 대학들과의 제도적 연합이었다. 종교와 국가의 긍정적 관계가 철학의 내용을 함께 규정한 반면, 두 번째 요인은 무엇보다 철학의 형식에 영향을 끼쳤다. 양자는 함께 독일에서 철학의 발전과 기능을 위한 본질적 조건이었으며, 또한 철학자의 형상을 갖추기 위한 조건이기도 했다. 다소 경건하고 기본적으로 국가에 충성하는 관료였던 독일 철학자는 영국의 '신사 철학자'(gentleman philosopher)나 프랑스의 '필로조프'(philosophe)와는 원칙적으로 다른 인간상이었다. 독일에서 철학자는 보통 대학교수였으며 국가 및 교회와 비판적 협력을 할 준비가 되어 있었다. 자유로운 작가로서의 철학자는 사회적 조건으로 인해 독일에서 극히 드물었다.

독일에서 철학이 대학 철학이었던 한에서, 그것은 처음에는 전문 철학, 즉 좋은 의미에서는 물론이고 나쁜 의미에서도 강단 철학이었다. 이것은 철학자들이 주로 학생들을 가르쳤고 학생들을 위해, 또한 동료들의 입장을 옹호하거나 반대하기 위해 책을 썼다는 것을 의미했다. 따라서 독일어로 쓰인 철학책들은 일반적으로 엄격한 철저성, 즉 방법적이고 체계적인 건축의 경향, 이로써 싫든 좋든 간에 현학적인 경향이 있다. 게다가 철학은 대학에서 여전히 제도적으로 하위에 자리하고 있었다. 철학은 (여전히 신학의 시녀였던 중세 시대 이래) 상위 학부(신학, 법학, 의학)에 비해 다만 하위 학부를 이루었다. 하위 학부는 기초 연구에 종사했고 좁은 의미의 철학 외에도 7가지 자유 기예, 이를테면 언어, 수학은 물론이고 오늘날의 정신과학과 자연과학에 해당하는 것과 같은 학문과 예술의 집합을 포함했다. 그럼에도 독일에서 계몽 철학은 일찍이 대학에서의 위상을 높이고 본래 최상위 학부임을 자부하려 하면서도 또한 제도적 학술 공간을 이탈하거나 돌파하려고 시도했다. 지식의 전파를 통해 세상을 변혁하려는 계몽의 요구는 철학을 모두를 위한, 적어도 교육받은 사람을 위한 철학으로 간주하는 태도에 부응하는 것이었다. 이러한 맥락에서 18세기 독일에서 철학이 '세계지혜'(Weltweisheit)라고 불렸다는 점은 주목할 만하다. 원래 이 표현은 종교적 동기에서 유래한 별명이자 멸칭이었다가 17세기 후반에 명예로운 이름으로 전파되었다. 철학은 신에 대한 가르침(신학)과 대조되는 세계지혜였으며, 철학이 세계지혜라 불리는 까닭은 주로 세계를 다루어서가 아니라 세속적인 것을 강조했기 때문, 즉 (결코 성경, 따라서 계시가 아니라) 오직 세속적 이성만을 사용했기 때문이며, 또한 세속을 위한 철학, 즉 세상 사람들을 위한 실천적인, 또는 정확히 말해, 실용적인("유용한") 철학이 되길 바랐기 때문이다. 이러한 의미에서 독일 계몽은 아주 일찍부터 강단의 가르침과 세속의 가르침을, 즉 강단의 철학과 세속의, 또는 세속을 위한 철학을 구별했다. 그런 뒤 18세기 중반부터 '대중 철학'(Popularphilosophie)이라는 표현이 통용되었지만, 그것은 대체로 단지 대중화된 대학 철학, 말하자면 학술적 세계지혜에 머물렀다.

독일에서 계몽 철학은 고트프리트 빌헬름 라이프니츠(Gottfried Wilhelm Leibniz, 1646~1716)와 함께 시작된다고 말할 수 있다. 그러나 라이프니츠는 많은 근대적 특징에도 불구하고, 본질적으로 여전히 17세기의 형이상학의 역사에 속한다. 그가 독일에서 'aufklären'(계몽하다)와 'aufgeklärt'(계몽되다) —— 라이프니츠의 정확한 표현으로는 'éclairer'와 'éclairé' —— 의 구별에 대해 여러 번 말한 최초의 인물에 속한다는 것은 사실이다. 물론 그 표현은 여전히 비교적 모호하고 때로는 'erleuchten'(조명하다)와 'erleuchtet'(조명되다)라는 영적 의미를 띠기는 하지만 말이다. 그가 광산 개발의 개선부터 학술원 설립까지 다양한 개혁을 시도한 것은 사실이며, 이런 점에서 그는 초기 근대의 근대화 운동에도 속한다. 하지만 그럼에도 라이프니츠의 철학적 사유는 인간학적인 방향이 아니라 오히려 본질적으로 우주론적이고도 신학적인 방향에서 전체 현실의 구조에 접근한다. 거기서 현실의 생성에 대한 모든 강조에도 불구하고, 그에게 핵심적인 개념은 영원한 조화이다. 그것은 "예정조화"(prästabilierte Harmonie)로서 현실을 이루고 있는 궁극적인 실체적 단일자들(모나드들)의 일치를, 특히 정신적 과정과 물체적 현상들의 일치를 보증한다(『모나드론』*La Monadologie*, 1714). "보편적 조화"(universale Harmonie)로서 그것은 이 세계는 최선의 세계이며 이 세계 안에 현존하는 악은 오직 선의 더 높은 완전성에 기여함을 보증한다(『변신론』*Essais de Théodicée*, 1710). 이에 대응하여 라이프니츠는 종교적 및 정치적 영역에서도 균형과 화해를 추구했으며, 그 자신이 비판적 계몽운동에 연루되어 있다고 여기지 않았다. 오히려 그는 전통적 입장에 기초하여 그가 아는 거의 모든 계몽주의자들을 비판했다.

그 낱말의 어떤 좁은 의미에서 볼 때, 독일에서 계몽은 라이프니츠와 마찬가지로, 라이프치히 대학 교수의 아들 크리스티안 토마지우스(Christian Thomasius, 1655~1728)와 함께 비로소 시작된다. 법학자이자 철학자로서 그는 특히 자연법론, 곧 실정법을 넘어서 자연적으로 타당한 규범들, 따라서 자연적 권리들과 자연적 의무들이 존재한다고 보는 학설에 몰두했다. 이리하여 독일에서 철학과 법학의 교차점은 계몽의 구체적인 출발점이 되었다. 강의에서 비롯된 그의 첫 저작은 『신성한 법학 제요』(*Institutiones jurisprudentiae divinae*,

1687/1688)라는 여전히 옛스러운 제목을 가지고 있었다. 그 저작에서 신은 자연법의 원작자일 뿐만 아니라 이른바 실정적인 신법의 원작자로도 기능하기 때문이다. 단 후자의 기능은 일부에게 (예컨대, 유대인들에게) 특수한 의미를 지닐 뿐이다. 얼마 후 토마지우스는 논리학도 출간했는데(『궁정철학』*Philosophia aulica*, 1688), 이는 그가 세속의 사람들, 즉 궁정인들을 위한 새로운 실용적인 철학의 첫 부분으로 구상했던 작업이다. 하지만 사실상 그는 이미 근대화된 라틴어로 이루어진 강단 교육에서 벗어나려는 의도를 지녔다. 이미 1687년에 그는 독일어 강의(『프랑스인 모방에 관한 담론』*Discours von der Nachahmung der Franzosen*)를 위한 독일어 강의 공고를 발표했었는데, 거기서 독일 문화의 혁신가능성을 알렸다. 이로써 그는 라틴어로 이루어진 학술활동을 그 자체로 도발했으며, 그의 보수적 반대자들의 격렬한 공격으로도 흐트러지지 않을 수 있었다. 오히려 그는 자기 편에서 날카로운 반격으로, 즉 독일에서 최초로 독일어 월간지 (*Monatsgespräche*, 1688~1690)를 발행함으로써 저 공격에 맞섰다.

라이프치히 대학의 보수적인 교수진들과의 충돌은 토마지우스가 할레(Halle)로, 즉 작센에서 프로이센으로 망명하게 했고, 거기서 그는 "현시대의 자유"(*die Freiheit jetziger Zeiten*, 1691)를 칭송했다. 여기서 그는 독일 최초의 계몽대학〔할레 대학〕의 공동 설립자가 되었다. 동시에 그는 비판적 지식을 확보하고 세계를 도덕적으로 개선하려는 의도로 『이성론』(*Vernunftlehre*, 1690/1691)과 『윤리론』(*Sittenlehre*, 1692/1696)을 각각 두 권으로 나누어 출판했다.[1] 이제 토마지우스는 열렬히 선입견을 지탄하고 모든 계층의 "지성의 개선"과 "의지의 개선"을 위해 투쟁을 시작했다. 그에 따르면 여성도 이 새로운 교육에 참여해야 한다. 『이성론』에서 그는 거의 독일 계몽 전체를 결정짓는 선입견 이론을 개진했고, 『윤리론』에서는 기독교적 이웃 사랑과 함께 최고의 덕으로 출현한 이성적 사랑의 이론뿐만 아니라 또한 독일 계몽에서 중요한 역할을 한 비이성적 사랑 이론, 즉 그런 것에 해당하는 주요한 정동(성욕, 명예욕, 물욕)에 관한 이론을 개진했다. 동시에 그는 사랑과 정의의 구별에 기초하여 강제될 수 있는 법과 강제될 수 없는 도덕을 최초로 구별하기 시작했다. 다음으로 그는 위의 이론을 바탕으로 자연법 이론에 관한 두 번째 주요 기획인 『자연법과 만민법』(*Jus naturae et gentium*, 1705)에서 서로 다른 세 규범(정의, 명예, 예법의 규범)의 현존 이론을 전개했다. 그는 무엇보다 정의(justum)와 도덕(honestum)을 구별함으로써 한편으로 국가를 단순한 입헌국가로 환원하고, 또 다른 한편으로 이러한 기초 위에서 계몽된 절대주의라는 의미에서 군주와 교사의 분업적 협력의 이념을 발전시켰다. 군주가 강제로 법을 관철시킴으로써 사회의 외적 평화를 보장한다면, 교사는 강제될 수 없는 도덕적 명령을 준수하도록 촉구함으로써 인간의 내적 평화를 보장한다. 그러나 인류의 진정한 개선에 대한 토마지우스의 희망은 이미 이 시기에는 진보에 대한 깊은 비관론에 굴복한 지 오래였다.

청년기에 토마지우스는 특히 정통 루터교와 투쟁했다. 이러한 관점에서 그는 또한 젊은 경건주의자 아우구스트 헤르만 프랑케를 법학자로서 지원했고 할레 대학으로 데려왔다. 하지만 그는 점차 경

---

1 [옮긴이] 토마지우스는 두 저작을 각각 '입문'편과 '적용'편으로 분권하여 출판했다.

건주의자들의 편에서 나타난 새로운 사상적 테러를 두려워하기 시작했고, 프랑케가 점점 더 큰 세속적 권력을 획득하자 두 사람의 관계는 단절되었으며, 이로써 계몽과 경건주의 사이의 본래의 동맹도 결렬되었다. 언제나 사상의 자유를 옹호했던 토마지우스는 그 누구도 자신의 "철학적 신념"을 빼앗을 수 없기를 바랐다. 게다가 그는 모든 신학적 독단주의를 진리의 월권이라며 배척했다. 따라서 그는 종교적이고 도덕적인 위기의 결과로 나타난 자신의 풍부한 신비주의적 시도에도 불구하고(『정신의 본질에 관하여』*Vom Wesen des Geists*, 1699), 형이상학에 비판적이었고, 노년에는 특히 마녀재판과의 투쟁과 같은 실천적 개혁을 위한 계몽에 헌신했다.

토마지우스가 끼친 영향의 마지막 국면에 할레에서는 크리스티안 볼프와 함께 완전히 다른 철학이 출현했고 곧이어 독일 전역에서 확고히 자리 잡았다. 브레슬라우 출신으로 수공업자의 아들로 태어난 볼프는 1707년 젊은 수학자로서 할레 대학교수가 되었으나, 곧이어 (그동안 토마지우스에 의해 확립된 관례에 맞춰) 독일어로 논리학 강의 또한 개설하기 시작했다. 이 강의 내용을 바탕으로 하여 1713년 출판된 『독일어 논리학』(*Deutsche Logik*)은 커다란 성공을 거두었다. 그 후 볼프는 『독일어 형이상학』(*Deutsche Metaphysik*, 1719), 『독일어 윤리학』(*Deutsche Ethik*, 1720), 『독일어 정치학』(*Deutsche Politik*, 1721) 은 물론이고 일련의 자연과학적 저작들까지 연달아 저술했다. 그의 모든 독일어 저작의 제목에는 "~에 관한 이성적 사유"(*Vernünftige Gedanken von* …)가 붙어 있었고, 이로써 그 저작들은 그가 요구한 새로운 합리성을 이미 증명했다. 독일의 철학 용어의 가장 중요한 토대가 된 그 저작들의 방법론적 질서와 명료한 언어는 모범적인 것으로 승인되었고 그 저자는 빠르게 유명해졌다. 그러나 볼프가 1721년 중국인의 실천철학에 대한 연설에서 이교도도 유덕할 수 있다고 주장했을 때, 그는 경건주의자들에게 맹렬히 공격받았고 왕에게 자유 의지를 부정하는 자로 비난받았다.[2] 1723년 그는 "교수형에 처할" 상황에서 할레를 떠나 마르부르크로 피신할 수밖에 없었다. 이제 그는 계몽의 위대한 순교자로 여겨졌고, 경건주의자들의 승리는 '피루스의 승리'(상처뿐인 승리)로 밝혀졌다. 마르부르크에서 볼프는 "전 인류의 교사"(praeceptor Generis humani)가 되기로 마음먹었으나, 이는 독일어로는 성취하기 어려운 일이어서 자신의 체계를 라틴어로 다시 한번, 그것도 아주 상세히 개진하기 시작했다. 이렇게 해서 단권으로 저술된 독일어 저작은 라틴어 저술에서는 논리학은 전 3권, 형이상학은 전 6권, 자연법 이론은 전 8권, 윤리학은 전 5권으로 분량이 확장되었다. 1740년 프리드리히 2세의 천거로 할레 대학 총장으로 복직한 볼프는 의기양양하게 귀환할 수 있었다. 그러나 계속 장황해지는 그의 체계는 점차 거부되기 시작했다.

17세기의 위대한 형이상학자들처럼, 볼프는 근대 자연과학의 사례에 매료되어 철학을 엄밀하고 명증한 학문으로 세우길 바랐으나, 거기서 그는 학문을 현상에 대한 가설적 설명이 아니라 그 근저에 놓인 원리에 관한 학문으로 이해했다. 이른바 수학적 방법의 도움으로, 즉 명료한 개념과 올바른 추론의 도움으로, "정확한" 인식에 의해, 인간에게 가능한 모든 지식은 점차 단일한 체계 속에서 서술되어야 한

---

2 [옮긴이] 볼프는 1721년 할레 대학 부총장 퇴임기념 강연인 이 연설문에 상세한 주석을 달아 1726년 책으로 출판했다.

다. 이 점에서 철학은 모든 것을 그 궁극적 근거들로부터 알려고 하는 유일한 인식으로 기능한다. 가능한 모든 것에 대한 인식으로서, 그것도 가능성의 조건으로부터의 인식으로서 철학은 근본적으로 모든 것을 포괄하면서도 궁극적 토대가 되는 유일한 학문이다. 볼프는 모든 계몽 철학자들 가운데 가장 형이상학적인 지향성을 지니며, 그에게 형이상학은 "제일의 학문"이다. 그러나 동시에 그는 보편적 개혁가가 되길, 말하자면 "지성과 덕"의 전파를 통해 사회의 개혁을 시작하길 바랐다. 하지만 볼프에게 참된 실천은 참된 이론, 즉 본질적인 것에 대한 올바른 인식에 의존했기 때문에, 그는 또한 오직 참된, 즉 자기의 고유한 형이상학만이 참된 정치를 가능케 할 수 있다고 믿었다.

이목을 끄는 볼프의 철학은 빠르게 수많은 추종자를 얻었고, 독일의 거의 모든 프로테스탄트 대학에서 그의 제자들이 나타났다. 그 중 가장 유명한 학자는 알렉산더 고틀리프 바움가르텐(Alexander Gottlieb Baumgarten, 1714~1762)인데, 그는 완전한 사유 이론(논리학)을 보충하기 위해 감성적 인식의 완전성 이론(감성학)을 최초로 고안했다. 바움가르텐의 『미학』(*Aesthetica*, 1750~1758)은 근대 미학의 출발점이 되었다. 게다가 볼프 철학은 외국에서도, 이를테면 프랑스와 이탈리아에서도 수용되었을 뿐만 아니라 러시아에서도 가르쳐졌다. 그것은 형식은 근대적이되, 내용은 자주 보수적이었기 때문에, 때때로 가톨릭 교의에서도 무신론을 방어하는 수단으로 높이 평가되었다. 이렇게 해서 그것은 가톨릭 철학이 몇몇 경우에 본래적 프로테스탄트 계몽운동과 연결되는 것을 가능하게 했다.

18세기 중반에 독일은 모든 정신적 분위기, 즉 정치적 및 종교적 분위기는 물론이고 철학적 분위기 또한 변했다. 프리드리히 2세의 즉

위 및 이어지는 정복 전쟁과 함께 프로이센의 대부흥이 시작되었고, 이와 더불어 정신의 분열도 시작되었다. 한편으로는 새로운 애국심이 특히 베를린에서처럼 새로운 지적인 자기의식의 형태로 생겨날 수 있었지만, 또 다른 한편으로는 철학자 왕에 대한, 특히 그가 고수하는 계몽과 개화(開化)의 방식에 대한 실망이 커졌다. 무엇보다 하층계급에서 경건한 신앙의 일관성에도 불구하고, 종교의 영역에서도 분명한 변화가 일어났다. 오래된 정통 루터교는 거의 신학적으로만 잔존하고 있었다. 경건주의도 본래의 정신적 혁신의 동력을 상당 부분 소진한 데다가 계몽에 대한 정치적 박해를 통해 신뢰 또한 잃었다. 게다가 종교에 대한 보다 냉철한 고찰이 점차 퍼져 나가고 있었다. 요한 로렌츠 슈미트(Johann Lorenz Schmidt, 1702~1749)의 성서 번역본 『베르트하임 성서』(*Wertheimer Bible*, 1735)는 성서를 세속적 문헌으로 취급했고 모든 경이로운 면을 벗겨 냈다. 그 책은 금서가 되었고 저자는 투옥되었다. 영국 이신론의 영향으로 경건주의를 이탈한 요한 크리스티안 에델만(Johann Christian Edelmann, 1698~1767)은 성서에 대한 비판적 분석서 『얼굴이 드러난 모세』(*Moses mit aufgedecktem Angesicht*, 1740)를 저술하고서 박해받았다. 하지만 개혁론자들과 함께 점차 더 독단적이지 않은 신학도 관철되는 한편, 합리론자들은 이미 성서를 이성 종교로 환원하려 시도했다. 게다가 종교적 열광의 쇠퇴와 이성을 향한 의지의 확산은 처음으로 교파 사이의 벽을 넘어 서로 교류하도록 이끌었고, 특히 어떤 형식이든 계몽은 이제 가톨릭에 발판이 되기 시작했고 가톨릭 개혁으로 인도했다. 또한 무엇보다도 숨길 수 없었던 것은, 신하들은 프리드리히 대왕에게 전통적인 경건함을 기대했지만 그 자신은 자유로운 정신의 소유자였다는 점이다.

철학에서 정신적 변화는 볼프에 대한 찬성 및 반대와 함께 일어났다. 철학을 보편 과학이자 근본 과학으로 정초하려는 그의 시도는 점점 더 광범위한 저작으로 이어질 수밖에 없었다. 그러나 이미 볼프가 살아 있던 시기에 매우 일찍부터 그의 제자들은 볼프의 학설을 축약하여 이해하기 쉽게 서술한 요강(Kompendien)을 발표하기 시작했다. 이 과정에서 그들은 번거로운 연역을 건너뛰었고 이로써 대부분의 수학적 방법을 포기했으나, "독단적" 결과는 고수했다. 볼프가 그토록 강조한 철학의 과학적 성격은 이제 더는 전면에 나타나지 않았고, 엄밀하고 결정적인 인식에 대한 희망도 그 매력을 잃었다. 물론 볼프의 정리 다수는 여러 제자에 의해 계승되었고 그런 점에서 볼프의 철학의 내용은 말하자면 어디에나 현전하고 있으며, 이제 그것들은 (특별히 고등교육을 받은 전문학자뿐만 아니라) 모두를 위한 철학으로 통합되었다. 분명한 것은 실생활과 밀접한, 새로운 철학을 향한 요구가 거듭 늘어났다는 점이다. 이리하여 18세기 중반에는 강단 철학과 세속 철학에 대한 초기 계몽주의적 구별이 지속되면서 강단 철학과 나란히 대중 철학(Popularphilosophie)이 등장했고, 때로는 강단 철학의 자리를 차지하기도 했다. 대중 철학은 이제 무엇보다 "상식"(gesunde Vernunft)에 호소하고 내용상 자주 절충적이다. 주제적으로는 이제 실생활과 관계된 심리학과 미학의 문제들이 전면에 나온다. 그 과정에서 또한 영국의 영향이 강하게 작용했는데, 이는 함부르크를 경유하여, 특히 1737년 설립된 괴팅엔 대학을 통해 전파되었다. 하지만 '대중 철학'이라는 개념은 그다지 규정되지 않은 채 남아 있어서, 예를 들면 피상적으로 철학하는 일을 가리키는 욕설로 사용될 수도 있었다. 특히 크리스티안 가르베(Christian Garve, 1742~1798)가 강력하게 옹호했던 대중 철학의 가장 유명한 대표자로는 헤르만 자무엘 라이마루스(Hermann Samuel Reimarus, 1694~1768)와 모제스 멘델스존(Moses Mendelssohn, 1729~1786)이 있었다.

함부르크의 요하네움 김나지움의 교수인 라이마루스는 독일 강단 철학의 전통뿐만 아니라 영국 이신론의 영향 아래에 있었다. 그의 주요 관심은 종교에 있었다. 그는 1754년 일종의 이신론을 옹호한 저작 『자연 종교의 최우선적 진리에 관하여』(*Von den vornehmsten Wahrheiten der natürlichen Religion*)를 출판했다. 하지만 무엇보다도 그는 여기에 이미 함축된 기독교 비판을 정교화하기 시작했다. 바로 그 저작 『신을 이성적으로 숭배하는 이들을 위한 변론 또는 변호서』(*Apologie oder Schutzschrift für die vernünftigen Verehrer Gottes*)는 1765년에 완성되었다. 그러나 라이마루스는 예컨대 그리스도의 부활을 제자들의 속임수라고 서술했던 자신의 저작을 출판하는 위험을 감수하지는 못했다. 그의 사후에 일부가 발췌되어 출판되었을 때에도 정통 신학은 여전히 계몽을 거스르며 다시 한 번 격렬히 저항했다.

데사우(Dessau)에서 유대인 율법학자의 아들로 태어난 모제스 멘델스존은 자신의 출신과 상황으로 인해 틈틈히 오직 철학에만 전념할 수 있었던 독학자였다. 일찍이 그는 베를린에 도착하자마자 신속히 그곳의 계몽주의자 모임에 참여했다. 하지만 프리드리히 대왕은 그를 학술원에 초빙하는 것을 거부했다. 그는 형이상학적 학문의 명증성에 관한 논문으로 1763년 학술원의 현상과제에서 1등상을 받고서 유명해졌다. 하지만 무엇보다 자기 자신의 상황 때문에, 그의 주요 관심은 서로 다른 두 과제, 즉 유대인의 상황과 자연 종교에 있었다. 자신의 저작 『예루살렘 또는 종교적 권력과 유대교에 관하여』

(*Jerusalem, oder über religiöse Macht und Judentum*, 1783)에서 그는 국가와 종교의 날카로운 분리뿐만 아니라 모든 종교에 대한 비폭력 또한 옹호했다. 또한 자신의 저작 『파이돈 또는 영혼불멸』(*Phädon oder über die Unsterblichkeit der Seele*, 1767)과 『아침시간 또는 신의 현존에 대한 강의』(*Morgenstunden oder Vorlesungen über das Dasein Gottes*, 1785)에서 그는 유대인과 기독교인에게 공통적인 이성적 종교의 요점을 개진하려 시도했다.

18세기 후반에 교육을 개선하려는 노력이 강화된 것도 대중 철학과 밀접한 관련이 있다. 계몽의 이념 자체는 이미 항상 교육학적 이론과 강단적 실천의 개혁의 계기가 되었지만, 루소를 통해 유년기 교육이 발견됨으로써야 비로소 독일은 "교육학적 세기"에 도달했다. 요한 베른하르트 바제도우(Johann Bernhard Basedow, 1723~1790)는 이러한 교육 개혁 운동을 시작했다. 그는 1774년 데사우에 '지식과 도덕을 자연적인 방식으로 가르쳐야 한다'고 여기는 박애학교(Philanthropinum)를 설립했다. 이 프로그램은 무엇보다 요아임 하인리히 캄페(Joachim Heinrich Campe, 1746~1818)에 의해 이론적으로 설계되어 일반 학교 제도에서 실행될 수 있도록 만들어졌다. 이제 모든 사람이 선한 인간이자 선량한 시민으로 교육되어야 했다.

물론 대중 철학 외에 요한 하인리히 람베르트(Johann Heinrich Lambert, 1728~1777)와 같은 엄격한 학문적 철학을 향한 노력도 줄곧 있었다. 18세기의 가장 위대한 선구적 철학자 임마누엘 칸트(Immanuel Kant, 1724~1804)도 대중 철학의 시대에 속했는데, 이 시기에 그는 특히 대중 철학에 의해 흐릿해지던 강단 철학과 세속 철학의 오랜 구별을 되살려 대중 철학의 한계를 지정하려 했다. 사실상 칸트는 이미 계몽 전체와 멀어지기 시작했다. 물론 그의 생애는 계몽의 시대와 거의 일치하며, 그 스스로도 여전히 계몽사상가에 속한다고 여김에도 불구하고, 상당한 제한 속에서만 계몽의 일부로 간주될 수 있다. 물론 칸트에게는 영국과 프랑스는 물론이고 당연히 독일의 계몽 철학의 이론들로 소급될 수 있는 세부사항이 많이 있다. 특히 그의 종교철학 저작 『이성의 한계 안에서의 종교』(*Religion innerhalb der Grenzen der bloßen Vernunft*, 1793)는 종교와 도덕을 동일시하는 경향이 있다는 점에서 철저히 계몽을 고수하고 있으며, 도덕의 근거로 종교를 내세우는 관례에서 벗어나 도덕에 기초하여 종교를 발전시킨다. 무엇보다 계몽에 대한 가장 유명한 정의는 칸트에게서 유래한다. "계몽은 스스로의 잘못으로 초래한 미성숙 상태로부터 벗어남이다."(「계몽이란 무엇인가에 대한 답변」Beantwortung der Frage: Was ist Aufklärung?, 1784). 하지만 일차적으로 자기 자신의 의지력으로 자기해방을 목표로 하는 이러한 정의는 당대에 통용되는 전형적인 계몽의 자기이해가 아니었다. 도리어 당대에는 "지성의 계몽", 특히 다른 사람들에게 비판적인 정보를 제공하는 것("민족계몽")이 강조되었다.

근본적으로 칸트는 완전히 다른 문제에 관여한다. 이리하여 무엇보다 그는 형이상학이 학문으로서 가능한가의 물음, 그리고 이와 함께 인식 일반의 가능성의 조건에 대한 물음에 이끌린다. 『순수이성비판』(*Kritik der reinen Vernunft*, 1781)에서 사물 자체의 인식이 불가능하다고 설명하고 모든 인식을 단지 현상의 인식으로 규정함으로써, 이러한 원칙적인 인식비판을 통해 그는 널리 유포된 계몽주의적 인식의 낙관주의를 무너뜨린다. 그런 뒤, 『실천이성비판』(*Kritik der praktischen Vernunft*, 1788)에서 당위의 사실로부터 출발하여 모든 참된 도덕을 도덕법칙에 대한 존경으로 환원하는 의무이론을 기초 놓음으로써, 그는 복과 덕의 통일에 관한 기존의 ("행복주의") 이론을 파괴한다. 비교적 늦게 저술된, 그리고 일부는 이미 프랑스혁명의 영향 아래 자유의 철학으로 발전된 자신의 정치철학에서조차 칸트는 국가의 목적으로서 생명과 재산의 보호 대신 정의에서 출발하여 (국가의 임무를 덕과 복의 증진으로 삼는 대신) 국가를 정의의 수호에 제한한다는 점에서 계몽에서 벗어나 있다.

3. 신의 나라와 인간의 도덕

몇몇 예외를 제외하면 독일의 계몽 문학은 세계 문학에 속하지 않으며, 더군다나 자주 외국, 특히 영어 및 프랑스 문학의 모범에 의존한다. 그럼에도 불구하고 처음부터 그것은 독일적 상황과 분명히 연관된 특성들을 발전시켰다. 작가들은 보통 시민적 생활을 영위하지만, 때로는 동일한 사람이 시인이면서 교수이기도 하다. 죽어 가는 고전주의 비극을 제외하면 새로운 시민적 도덕 문학은 궁정과 귀족주의적 주제(명예)에 초점을 맞추지 않는다. 미덕과 감수성이 점점 더 풍부해짐에 따라 시민문학에서는 우정과 가족, 이른바 가정적인('비정치적인') 주제를 다루는 경향이 나타났다. 무엇보다도 계몽 문학은 여전히 종교적 영향 아래 있었다. 종교적 내지 분파적 열의가 경건함의 미덕으로 대체될지라도, 신은 여전히 궁극적 기준점이다. 신은 자연의 경험뿐만 아니라 미덕의 문제에서도 존재한다. 따라서 독일 계몽 문학은 특히 시작단계에서는 초기의 계몽 철학이 아니라 라이프니츠의 형이상학과 프랑케의 경건주의에서 자양분을 얻은 경건한 성격이 두드러진다. 여기서 한편으로는 변신론 사상과 다른 한편으로 경건한 감정이 중요한 역할을 한다. 그러나 당대의 철학과 신학에서 자명하듯, 미덕의 요구는 어디에나 존재한다. 종교적 문제가 관심의 중심에서 밀려나거나 다른 형식을 취했을 때조차도 미덕의 요구는 어떤 형식으로든 계몽 문학을 끝까지 사로잡았다.

실제로 새로운 계몽사상은 가장 기대하기 어려운 문학 장르인 시 문학, 그것도 함부르크의 귀족 바르톨트 하인리히 브로케스 (Barthold Hinrich Brockes, 1680~1747)의 종교적 자연 시가에서 처음으로 분명해졌다. 전부 9권으로 출간된 그의 연작시집『신 안에서의 지상의 기쁨』(*Irdisches Vergnügen in Gott*, 1721~1748)은 교훈시라고 부를 수 있을 정도로 교훈적인 성격을 지닌다. 함부르크 "애국회"(Patriotischen Gesellschaft) 회원인 브로케스는 무엇보다 할레 대학에서 법학을 공부한 이력으로 인해 일찍부터 계몽과 경건주의의 사고방식에 친숙했으며, 자연을 서술하는 새로운, 바로 정확히 경험적인 방식을 발전시켰다. 매번 새로운 시도들에서 그는 자연질서를 신적인 지혜의 작품으로서 찬양했다. 그런 점에서 자연신학은 그의 부단한 시 짓기의 핵심 동기이지만, 그럼에도 시 짓기의 단조로움은 그의 경건한 동시대인들조차도 곧 싫증 나게 했다. 그 사이에 그들은 스위스 시인 알브레히트 폰 할러(Albrecht von Haller, 1708~1777)의 서정시나 도덕적이고 경건한 교훈시에 감화되었다. 이 베른 출신의 의학자는 연구를 위해 고국의 산을 여행한 뒤「알프스」(Die Alpen)라는 산문시를 썼고『스위스 시의 시도』(*Versuch schweizerischer Gedichte*, 1732)라는 애국적인 제목의 시집에 묶어 출판했다. 그는 이 시집에서 위대한 언어의 힘으로 자연과 농부의 소박한 삶을 묘사했고, 문명 비판이라는 주제를 개척함으로써 "스위스 신화"의 기초를 닦았다. 그런 뒤, 할러는 괴팅엔 대학의 교수로 초빙되어 17년간 봉직했고, 특히 괴팅엔 학술원의 공동 설립자가 되었다.

초기 독일 계몽 문학의 본래적인 중심지는 라이프치히였으며, 그곳에서 요한 크리스토프 고트셰트(Johann Christoph Gottsched, 1700~1766)는 문학과 계몽 철학을 결합했다. 새로운 문학의 시작점은 말하자면 고트셰트의 문학 이론서 『독일인을 위한 비판적 시작법 시도』(Versuch einer kritischen Dichtkunst für die Deutschen, 1730)이다. 그는 약간 주저하다가 크리스티안 볼프의 철학에 동조했으며, 라이프치히 대학에서 시학 교수로 임명되었다가 나중에는 논리학과 형이상학 교수직도 담당했다. 고트셰트는 고대인들의 모범뿐만 아니라 고전주의적 프랑스인들의 모범도 따랐는데, 이런 방식을 따라야 자립적인 독일의 극장 문화를 정초할 수 있다고 믿었기 때문이다. 그가 "웅변술"과 "화술"에 관한 저작으로 보충한 이러한 규칙시학(Regelpoetik)은 무엇보다 큰 성공을 거두었다. 고트셰트는 통속문학(광대극)과 투쟁했고 문학에서 환상적인 것을 전부 배격하려 했다. 하지만 자신의 문학 이론을 고유한 작품으로 구현하려는 그의 시도-예컨대, 『죽어 가는 카토』(Sterbender Cato, 1732)는 그렇게 설득력이 없었다. 이에 반해, 볼프 철학에 대한 그의 초기의 대중화 시도인 『전체 철학의 제1근거』(Erste Gründe der gesamten Weltweisheit, 1733/1734)와 영국의 도덕주간지를 모방한 작업은 큰 성공을 거두었다. 이미 함부르크 애국회가 『애국자』(Der Patriot, 1724~1726)라는 도덕주간지를 펴내기 시작한 뒤에, 고트셰트는 여성용 정기간행물 『합리적인 여성 태틀러』(*die Vernünftigen Tadlerinnen*, 1725~1726)와 도덕주간지 『비더만』(*Der Biedermann*, 1727~1729)을 출판했다. 이렇게 해서 독일에서 토마지우스가 시작한 이래 거의 완전히 침체기였던 문학 형식은 성공을 거두었다.

고트셰트는 이러한 광범한 활동 외에도 번역자로서 큰 힘을 발휘함으로써 철학적 계몽과 동시에 문학적 스타일의 형성에도 영향을 끼쳤다. 이렇게 해서 그는 특히 피에르 벨의 『역사비평사전』(*Historisches und kritisches Wörterbuch*)과 라이프니츠의 『변신론』(*Theodizee*)을 독일어로 번역 출판함으로써 이 두 저작이 독일 계몽의 성공적 저작으로 자리매김하는 데 결정적 역할을 했고, 그 과정에서 자신의 교양 있는 아내 루이제 아델군데 빅토리아(혼전 성은 쿨무스)(Luise Adelgunde Victorie geb. Kulmus, 1713~1762)의 노동력을 파렴치하게 착취한 것 같다. 하지만 "고트셰트 부인"은 그 스스로 시인으로도, 심지어 자신의 남편과 다르게 희극 작가로도 활동했다. 그러나 물론 그녀의 가장 유명한 작품인 『고래수염치마 속 경건주의』(*Die Pietisterey im Fischbein-Rocke*, 1736)는 프랑스어 원작의 각색물에 지나지 않았다.

고트셰트의 문학 이론의 운명을 결정지은 것은 문학 이론가 요한 야콥 보드머(Johann Jakob Bodmer, 1698~1783)와 요한 야콥 브라이팅거(Johann Jakob Breitinger, 1701~1776)와의 갈등이었다. 취리히의 두 친구는 여러 면에서 고트셰트와 철저히 닮은 길을 걸었으며, 마찬가지로 독일어 문학을 개혁하고 새롭게 근거 짓기를 원했다. 고트셰트보다 먼저 그들은 『화가들의 담론』(*Diskurse der Maler*, 1721~1723)이라는 제목의 도덕주간지뿐만 아니라 『상상력의 영향과 사용에 관하여』(*Von dem Einfluß und dem Gebrauch der Einbildungskraft*, 1727)라는 논고 또한 출판했다. 이 저작에서 그들은 실로 여전히 자연 모방의 원리를 고수하지만, 또한 시인에게 더 큰 자유를 허용한다. 곧이어 두 저자는 무엇보다 영국 문학의 영향을 받아 더욱 앞으로 나아갔다. 보드머는 경이로운 것, 따라서 초이성적인 것을 서술할 시인의 권리를 옹호했고, 브라이팅거는 시인의 상상과 마음을 감동시키려는 목표를 옹호했다. 이렇게 확장된 시 개념이 성립함으로써 더는 시가 지성과 미덕의 현시와 선전에 제약되지 않게 되었다.

고트셰트와 취리히의 두 저자의 갈등은 다만 계몽 대 신앙의 구도 아래 강력해진 지성일지라도 적어도 시작(詩作)의 영역에서는 지성이 모든 질문에 대한 해답일 수 없다는, 이미 18세기 중반에 접어들기 전부터 자라난 통찰의 표시이다. 이제 어디에서나 행복주의적 지성-미덕 도식은 완화되었다. 고트셰트의 라이프치히 대학 동료 교수이자 작가인 크리스티안 퓌르히테고트 겔러트(Christian Fürchtegott Gellert, 1715~1769)는 '코메디 라르모얀테'(comédie larmoyante)에 관한 논문으로 교수 자격을 취득했는데, 그는 자신의 도덕-교훈 소설과 우화 문학작품으로 유명해졌다. 겔러트가 죽고 난 다음 해인 1770년에야 비로소 출간된 저작『도덕 강의』(*Moralischen Vorlesungen*)는 학생들에게 엄청난 인기를 얻었다. 또한 그의 장편 소설『스웨덴 백작 부인 G의 일생』(*Das Leben der schwedischen Gräfin von G.*, 1747/1748)은 얼핏 보기에는 의연함의 미덕을 예증하는 것 같다. 그러나 미덕의 시험에 관한 겔러트의 자세한 묘사는 도덕적 만행을 통해서도 감춰지기 어려운 주인공의 매력을 인식하도록 이끈다.

취리히의 문학적 권위자들도 자신들에 의해 각성된 정신을 통제할 수 없다는 점을 아주 일찍 받아들여야 했다. 크베들린부르크 출신인 프리드리히 고틀리프 클롭슈톡(Friedrich Gottlieb Klopstock, 1724~1803)은 이미 학생 무렵, 17세기 영국 시인 존 밀턴(John Milton, 1608~1674)과 유사하게, 예수의 생애를 방대한 서사시로 서술하려고 마음먹었다. 잠시 신학생으로 공부한 뒤 그는 완전히 시 작업에 몰두했고 1748년에 『구세주』(Messias)의 첫 3장을 발표했는데, 이 작품에서 그는 계몽된 신학과 감수성이 풍부한 열정을 결합한 인상적인 시구를 제출하여 큰 성공을 거두었다. 그러나 취리히를 방문하는 동안 클롭슈톡은 자신이 존경했던 문학이론가 보드머와 의견 충돌을 겪었고, 이는 계몽적 사유 일반의 계속적인 해방으로 이어졌다. 그가 쓴 우정과 자연에 관한 취리히 송시는 더는 로코코풍의 유희와 공통점이 없었고, 새롭고도 매우 격정적인 시 이해의 시작을 알렸다. 그러나 1773년 비로소 완결된 『구세주』의 후속 작업들은 종교적 관심이 감소한 데 더해 과도하게 격정적인 어투 때문에 훨씬 더 적은 호응을 얻었다. 게다가 그의 성서적이고도 애국주의적 희곡들은 그가 사회 개혁을 선도하기 위해 쓴, 계몽주의적이기보다는 훨씬 더 시적이고 귀족주의적인 저작 『독일 학자 공화국』(Die Deutsche Gelehrtenrepublik, 1774)과 마찬가지로 성공하지 못했다. 클롭슈톡은 보수적인 동시에 혁명적인 태도를 지니고 있어서 노년기에 함부르크의 프랑스혁명 기념식에 참여하기도 했다.

계몽의 엄격한 합리주의와 도덕주의는 18세기 중반 정념, 환상, 감상주의의 경향을 나타냈을 뿐만 아니라 이른바 독일의 로코코풍 시 내지 '로코코뤼릭'(Rokokolyrik)으로도 기울어졌다. 그 시작은 함부르크 출신으로 얼마간 영국에서 체류하기도 한 경제법학자 프리드리히 폰 하게도른(Friedrich von Hagedorn, 1708~1754)에게서 찾아볼 수 있다. 그는 목가적 전원생활, 청춘, 사랑, 그리고 우정에 대해 노래하는 우아한 양식의 우화와 가곡을 지었다. 아나크레온파(Anakreontik)의 유행 또한 나름대로 계몽의 엄격한 합리성과 도덕성을 벗어나게 했다. 아나크레온파는 세 명의 할레 대학 학생의 우정 어린 모임에서 나왔는데, 이들은 훗날 명예로운 교회와 국가의 관료로 활동하지만 당시에는 명랑하고 사교적이고 때로는 죄에 빠지기 쉬운 삶을 찬미하길 바랐다. 그러나 이들은 모두 예술과 삶의 구별, 즉 시적 유희와 시민적 도덕의 구별이 중요하다는 점도 강조했다.

크리스토프 마르틴 빌란트(Christoph Martin Wieland, 1733~1813)는 로코코 문학이 배출한 가장 중요한 저자이지만, 그럼에도 로코코 문학에서 점점 더 이탈했다. 개신교 목사의 아들로 태어난 그는 법학을 공부했고, 처음에는 자유 제국 도시 비베라흐(Biberach)의 법률 고문으로 일하다가 나중에는 에어푸르트(Erfurt) 대학의 철학 교수로 초빙되었고, 1771년에는 바이마르(Weimar) 공국에 왕자의 가정교사로 초청되었으며, 이러한 과정을 거쳐 바이마르 고전주의(Weimarer Klassik)의 대부가 되었다. 어쩌면 빌란트는 계몽의 시대에 독일에서 가장 관능적인 작가일지도 모른다. 그가 항상 이성과 감성의 관계를 주제로 삼았다는 점에서 그렇다. 동시에 그는 당대에 가장 우아한 작가 중 한 사람으로서 가벼운 손놀림으로 수많은 소설과 운문을 지어냈다. 그러한 작품 활동 가운데 그는 종종 아이러니나 풍자에 초점을 둔 이야기 ──『아가톤』(*Agathon*), 『무사리온』(*Musarion*), 『압데라 사람들』(*Die Abderiten*) ──의 배경으로 항상 고대를 선택했으며, 나중에는 ──『오베론』(*Oberon*) ── 때때로 중세를 택하기도 했다. 바이마르로 이주한 이후 그는 무엇보다 문예지『독일판 메르쿠르』(*Der Teutsche Merkur*, 1773~1789)와『신독일판 메르쿠르』(*Der Neue Teutscher Merkur*, 1790~1810)의 편집과 출판에 전념했다. 당대에 큰 성공을 거둔 이 잡지는 문학 및 철학의 주제를 다루었을 뿐만 아니라 과학과 정치 분야의 소식도 전파하는 역할을 했다. 이 잡지에 1789년 기고한 자신의 논고를 통해 빌란트는 계몽에 대한 동맹을 분명히 드러낸다. 그에 따르면, "초자연적으로 깨달음을 얻은 재단사와 제화공"이 각자가 깨우친 진리를 방해받지 않고 전파할 수 있을 때라야 비로소 진정한 계몽이 존재한다고 말할 수 있을 것이다.

독일 계몽의 가장 중요한 시인은 의심할 여지 없이 고트홀트 에프라임 레싱(Gotthold Ephraim Lessing, 1729~1781)이었다. 그의 격동적인 삶은 그가 작센주의 카멘츠(Kamenz)에서 목사의 아들로 태어나 라이프니츠에서 수학하던 중, 학업을 중단하고 베를린으로 가서 신문의 편집자와 평론가로 일하며 철학자 모제스 멘델스존과 친교를 맺도록 이끌었다. 1756년에 그는 프로이센 장군의 비서가 되어 브레슬라우(Breslau)로 이주했고, 1767년에는 12명의 함부르크의 사업가가 세운 함부르크 소재 독일 국민극장의 극작가(Dramaturg)가 되었다. 국가의 후원 없이 국민극장을 건립하겠다는 "선의의 발상"이 실패한 뒤, 마침내 그는 볼펜뷔텔(Wolfenbüttel) 제후 도서관의 도서관장으로 재직했다.

레싱은 무엇보다 극장을 사랑했고 극장을 위해 헌신했다. 그는 아나크레온풍 시는 물론이고 교훈 시와 우화도 썼지만, 이미 초기부터 희곡 습작과 연극 이론 연구를 시작했다. 이러한 작업을 거쳐 그는 고트셰트의 규칙시학과 프랑스적 취향의 극장을 점차 극복하게 되었다. 그런 다음 레싱은 『함부르크 연극론』(*Hamburgische Dramaturgie*, 1767)으로 이론적으로 자립한다. 그는 매우 예리하지만 항상 공정하지는 않은 평가로 고트셰트와 프랑스 연극에 대해 거리를 두었고 영국 문학, 특히 셰익스피어 희곡에 대한 더 강한 수용을 촉구했다. 그러나 사실상 고트셰트뿐만 아니라 겔러트도 영국에서 생겨난 "시민 비극"을 이미 적극 수용했고, 영국의 영향 아래 일찍이 '코메디 라르모얀테'가 생겨난 프랑스에서도 디드로가 시민계급의 새로운 도덕적 감상극을 이론적으로 정당화하고 실천적으로 발전시키려고 시도했다.

　동시에 레싱은 시민극에서 감동, 공포, 또는 전율만이 아니라 고통의 공감에 의해서도 영혼이 도덕적으로 정화될 수 있다는 이론을 실천적으로 적용하려고 시도했다. 그의 비극 작품 『미스 사라 샘슨』(*Miß Sara Sampson*, 1755)은 전적으로 미덕을 갖춘 것은 아닌 여성 사라의 운명에 관한 이야기이다. 이 작품에서 사라는 죽어 가면서 자신을 독살한 여인을 용서하고 사라의 아버지 역시 자신의 딸을 유괴한 범죄자를 용서한다. 이 "시민 비극"은 비극적 필연성을 결여하지만, 그럼에도 신분적 경계를 돌파했다는 점에서, 즉 이제까지 비극의 주인공으로 규정된 귀족세계에서 성공적으로 이탈한다는 점에서 독일에서 연극 발전의 전환점을 표시한다. 비슷한 구상은 레싱이 1757년에 쓰기 시작하여 1771/1772년에 비로소 완성한 비극 작품 『에밀리아 갈로티』(*Emilia Galotti*)로 이어진다. 이 작품은 엄격한 덕을 추구하는 아버지가 귀족 사내의 유혹으로부터 딸을 보호하기 위해 자신의 바람대로 어리고 순진무구한 딸을 살해하고, 자기 자신도 죽음을 택하는 이야기이다. 여기서 그의 자살은 유혹과 폭력에 맞서는 최후의 자유로운 행동이 된다. 이 작품에서 암시된, 당대의 정치적 상황에 대한 레싱의 비판은 이른바 '질풍노도'(Sturm und Drang)의 젊은 세대에게 격정적으로 수용되었으나, 추상적인 미덕 문제와 그의 패배주의적 해법은 그 당시에도 깊게는 이해되지 못했다. 레싱 자신도 이제 감상적인 시민 비극에서 이런 식으로 미덕을 문제 삼고 다루기를 포기한다. 이미 『에밀리아 갈로티』라는 비극 작품을 고되고 지난하게 저술해 가는 도중인 1767년, 그는 『민나 폰 바른헬름, 또는 군인의 행운』(*Minna von Barnhelm oder Das Soldatenglück*)이라는 제목의 희극을 써서 발표했는데, 말하자면 이 작품은 거꾸로 귀족세계의 희극적 성격을 묘사한다. 작센 지방의 젊은 귀족 여인 민나 폰 바른헬름은 7년 전쟁이 끝난 후 자신의 약혼자인 프로이센 장교 텔하임과 재회한다. 하지만 재회 당시 텔하임은 부당하게 불명예 제대를 했을 뿐만 아니라 부상을 입었고 가난한 처지였던 탓에 약혼녀를 포기하는 것이 자신의 명예를 지키는 길이라고 생각한다. 민나의 가련함이 자신의 눈에 들어오자 그는 그때야 비로소 민나와의 결혼을 명예의 문제로 고찰할 수 있게 되었고, 왕에 의해 자신의 명예가 복권됨으로써 이야기는 행복한 결말에 이른다. 물론 상당히 비극에 가깝긴 하지만, 그럼에도 이 위대한 최초의 독일 희극에서 장교의 명예를 추구하는 프로이센의 도덕은 사랑과 상식을 지닌 여주인공에 의해 파국적 결말을 피하는 동시에 약간의 아이러니를 드러낸다.

자신의 마지막 희곡 작품인 『현자 나탄』(*Nathan der Weise*, 1779)에서 레싱은 그가 직접적으로 말할 수 없었던 것, 즉 이론적 논고에서는 금기시된 것을 "자신의 강단"인 극장에서 간접적으로 말하려고 한다. 그의 "극적인 시"(dramatisches Gedicht)는 유대교, 기독교, 이슬

람교 신앙을 가진 여러 관련 인물들 간의 복잡하면서도 상징적인 관계의 전개 과정에 관한 이야기이다. 진정한 신앙에 대한 주된 물음은 아버지가 자신의 세 아들에게 귀중한 반지 하나와 이것과 이론적으로 구별될 수 없는 두 개의 모조품을 각각 하나씩 물려주었다는 반지 우화를 통해 답변될 수 있다. 오직 실천만이 진짜 반지, 즉 참된 종교를 보유한 사람이 누구인지 알려 줄 수 있다. 반지 우화처럼 이 극이 시사하는 바는 종교적 관용과 실천적 인류애의 촉구이다.

레싱은 연극작가이자 희곡 이론가였을 뿐만 아니라 무엇보다 종교, 그것도 인류와 관련하여 종교의 의미에 관한 물음에 몰두했다. 1774년 도서관장으로 재직할 때 그는 헤르만 자무엘 라이마루스의 유고를 선별하여 무기명의 단편을 출판하기 시작했다. 그는 많은 점에서 라이마루스의 견해와 거리를 두었지만, 그럼에도 성경이 신의 배타적인 언명으로 드높여지는 것에는 반대했다. 이렇게 해서 그는 특히 함부르크의 수석 목사인 요한 멜키오르 괴체(Johann Melchior Goeze, 1717~1786)와 장기간 논쟁에 이르렀는데, 그 논쟁의 전개는 마침내 레싱에 대한 검열의 자유가 중단되면서 끝났다. 하지만 레싱의 종교 이해를 루터 정교회에 대한 이신론적 반대입장으로 고정하고 제한하는 것은 일면적일 것이다. 그는 당대의 종교적 합리주의에 대한 거부감이 별로 없었기 때문인지 "종교에 반대하기 위해 그토록 많은 어리석은 말을 원하는 만큼 세간에 쏟아 내곤 하는 베를린 사람들의 자유"에 전혀 관심을 두지 않았다. 이성 종교에 대한 그의 희망은 여전히 기독교의 내적 진리에 대한 확신과 맞물려 있었다.

레싱은 자신의 종교적 확신들을 낙관적 역사철학과 결합했다. 그의 작품 『인류의 교육』(Erziehung des Menschengeschlechts)은 "단편적인 논쟁"(Fragmentistenstreit)과 연관하여 1777년에 제1부가 간행된 후 1780년에 완성되었는데, 거기서 그는 역사 속에서 실현된 신성한 교육 계획을 가정함으로써 이성과 계시의 화해를 시도했다. 그에 따르면, 신은 인간들에게 단계적으로 계시를 허가했다. 다시 말해, 신은 인간 이성이 종교적 진리들을 다만 점진적으로 인식할 수 있도록 허락했다. 이리하여 계시의 진리들은 결국 이성의 진리들로 증명될 것이다. 따라서 구약과 신약 성서에 뒤이어서, 궁극적인 이성 종교를 포함하는 제3의 "새로운 영원한 복음"(neues, ewiges Evangelium) 또한 기대될 수 있다. 레싱은 계몽과 함께 이 새로운 시대가 시작되었다고 믿었던 것으로 보인다. 이러한 역사적 사변과 함께 그는 독일 관념론의 역사철학을 정초하는 데 일부 기여했다.

특히 말년에 레싱은 자신이 여러 새로운 정신적 흐름에 직면하게 되었다는 점을 알았으나, 그것은 끝까지 그가 이해할 수 없는 것으로 남았다. 그는 18세기 중반의 클롭슈톡에 대한 열광에 아이러니하게도 여전히 비판적이었지만, (세속화된 경건주의는 물론이고 계몽과는 거리를 둔 다른 시도들과 같은) 이어지는 젊은이들의 유행은 다만 그가 밀려나게 했을 뿐이며, '질풍노도'의 천재적인 태도는 감상주의의 격앙된 감동만큼이나 그에게 낯선 것이었다. 그는 물론 새로운 유행을 인지하기는 했지만 그런 정도로는 이러한 유행의 틀 안에 새로운 위대한 문학작품들, 예를 들어, 프리드리히 쉴러(Friedrich Schiller, 1759~1805)의 『도적 떼』(*Die Räuber*, 1781), 요한 볼프강 괴테(Johann Wolfgang Goethe, 1749~1832)의 『무쇠 손 괴츠 폰 베를리힝겐』(*Götz von Berlichingen*, 1773)과 『젊은 베르터의 고뇌』(*Die Leiden des jungen Werther*, 1774)의 단초를 알아차릴 수 없었다. 게다가 그는 독일 문화

권의 북동쪽 끝에 위치한 쾨니히스베르크(Königsberg)에서 요한 게오르크 하만(Johann Georg Hamann, 1730~1788)과 요한 고트프리트 헤르더(Johann Gottfried Herder, 1744~1803)에 의해 주로 발전된 이론적 논의도 이미 놓치고 있었다.

18세기 내내 문학에서, 그리고 이와 보조를 맞추어 철학 및 문학 이론에서 전적으로 새로운 발전이 일어났지만, 그럼에도 18세기의 마지막 20년은 '후기 계몽'(Spätaufklärung)이라고 부를 수 있을 정도로 계몽이 다시 한번 꽃을 피우는 시기였다. 그 과정에서 독일에서도 프랑스의 필로조프와 어느 정도 유사한 작가 유형이 등장했다. 단, 그러한 작가들이 아름다운 문학이나 시를 추구하는 필로조프의 성향까지 공유한 것은 아니다. 오히려 독일에서 최초의 도덕주간지가 출간된 지 두 세대가 지난 지금, 완전히 새롭고 참신한 저널리즘, 그것도 정치에서 신학에 이르기까지 문화와 생활의 영역 전반을 아우르는 놀랍도록 철학적인 저널리즘의 경향이 펼쳐지고 있었다. 하지만 프랑스와 달리 아직 독일에는 글을 써서 자신의 생계를 부양할 수 있는 자유로운 전업 작가가 있었던 게 아니라 대체로 계몽된 관료제에 속해 있는 이해타산적인 관료들이 작가로도 활동했고, 이들은 가능한 모든 질문을 철저하고도 신중하게 해명하기 위해 노력했다. 그러나 베를린의 출판업자이자 작가인 프리드리히 니콜라이(Friedrich Nicolai, 1733~1811)처럼 독립적인 인물들도 있었다. 그는 멘델스존과 함께 1757년『아름다운 학문과 자유로운 예술 도서관』(*die Bibliothek der schönen Wissenschaften und der freien Künste*)이라는 정기간행물을 창간했고, 레싱과 멘델스존과 함께 주간지『최신 문학에 관한 편지』(*Briefe, die neueste Litteratur betreffend*, 1761~1767)를 발간했으며, 1765년부터 1792년까지 비평지『모두를 위한 독일 도서관』(*All-gemeine deutsche Bibliothek*)을 편집했다. 많은 후기 계몽주의자들의 정신적 출신은 실로 다양했는데, 일부는 여전히 볼프주의나 대중 철학에서 유래했으나, 다른 일부는 일찍부터 칸트주의에서 유래했다.

후기 계몽의 새로운 작가 유형은 특히 베를린에 집중되어 있었다. 당시 독일에는 정치적으로 수도를 갖춘 통일된 국가가 존재하지 않았으므로 베를린은 독일의 수도가 아니었다. 하지만 그럼에도 베를린은 (오스트리아를 제외하고) 독일에서 가장 크고 강력한 나라인 프로이센의 수도였다(하지만 오스트리아는 특히 패전과 남유럽과 동유럽 지향의 대외 정책으로 인해 독일 땅의 중심에서 점점 더 밀려났다). 게다가 프로이센이 프리드리히 2세 치하에서 흡사 계몽의 모범 사례가 됨으로써 베를린은 어떤 면에서는 독일 계몽의 수도로 여겨질 수 있었다. 이곳에는 도시의 정신적 삶을 지배할 뿐만 아니라 보다 "학술적" 향상을 가능케 하는 대학은 없었지만, 왕립 학술원과 애국심을 가진 관료들과 작가들의 중요한 모임이 있었다. 이들 중 다수는 철학적 및 정치적 주제들을 토론할 의도로 꾸려진 '계몽의 벗들'(Freunde der Aufklärung)의 비공개 정기 모임 '베를린 수요회'(Berliner Mittwochsgesellschaft, 1783~1798)에서 만났다. 그들의 가장 중요한 기관은 독일의 후기 계몽의 공론장이 된『베를린 월간 학보』(*Berlinische Monatsschrift*, 1783~1796)였다.

베를린뿐만 아니라 독일 전역에서 전개된 후기 계몽은 여러 문학적 사건의 영향을 받았으며, 무엇보다도 여러 정치적 사건에 의해 결정적인 영향을 받았다. 프리드리히 2세에 의해 강행된 '민중 기만의 정당화'에 관한 베를린 학술원 현상과제(1780)는 80년대 초에 이미 급진적 개혁가들과 온건 개혁가들의 분열을 초래했다. 그런 뒤 1783년에 교구 목사인 요한 프리드리히 칠너(Johann Friedrich Zöllner, 1753~1804)가 『베를린 월간 학보』에 "계몽이란 무엇인가"라는 물음을 추가로 제기하자, 칸트, 멘델스존, 빌란트를 비롯한 여러 저자가 참여하는 광범위한 토론이 벌어졌다.[3] 토론은 프리드리히 대왕의 서거로 인해 정점에 이르렀는데, 오래전부터 정권 교체를 염원하던 세력이 권력을 잡자 수십 년 동안 점진적으로 진행되어 온 여러 영역에서의 진보와 개혁이 처음으로 분명한 역풍을 맞았기 때문이다. 바이에른에서의 일루미나티 비밀 결사 금지 조치(1784/1785)와 마찬가지로 1788/1789년 프로이센의 종교 칙령은 새로운 억압의 분위기를 조성했다. 그러나 프랑스혁명과 그 귀결로 인해 비로소 독일 계몽주의자들은 어려운 결정에 직면하게 되었다. 맨 처음에 파리에서 일어난 사건은 (그들뿐만 아니라) 거의 모든 계몽주의자에게 환영받았으며, 모두를 위한 자유와 정의라는 인류의 꿈이 실현되는 것만 같았다. 그러나 파리에서 공포정치가 시작되고 왕이 처형되자, 그리고 독일 영주들과 프랑스혁명가들 사이의 전쟁에 독일인들이 개입하자, 정신적 분위기가 전반적으로 변화하기 시작했다. 한편으로는 정치 체제가 이전보다 더 반동적이고 억압적으로 변모했으나, 다른 한편으로는 독일에서 어떠한 진정한 정치적 대항 세력도 형성되지 못했다. 좁은 의미에서 독일 자코뱅 당원은 거의 존재하지 않았으며, 프랑스 군대의 지원 아래 '마인츠 공화국'(Mainzer Republik, 1792~1793)이 잠

---

3 [옮긴이] 『베를린 월간 학보』의 지면에서 계속된 여러 지식인들의 토론은 『계몽이란 무엇인가』(임홍배 옮김, 도서출판 길, 2020)에서 찾아볼 수 있다.

시 건국하였으나, 이것조차도 결코 모범으로 간주되지 않았다. 이렇게 해서 계몽은 개혁을 향한 바람과 혁명에 대한 거부 사이에서 와해되고 말았다.

4. 계몽 ── 해석과 자기해석

영국과 프랑스에 비해 독일의 계몽 철학은 현저하게 형이상학적이었다. 일찍이 계몽의 초창기부터 토마지우스는 형이상학이 일련의 공허한 개념들로 이루어져 있다고 비판했지만, 그 자신도 재차 현실 전체의 '형이상학적' 구조에 대한 자연철학적 표상을 발전시켰다. 계몽의 끝자락에 칸트가 물론 학문으로서의 형이상학이 불가능하다고 설명하긴 하지만, 그럼에도 그는 동시에 그 자신의 말을 빌리자면 형이상학과 "불행하게도 사랑에 빠지고"(unglücklich verliebt) 말았고, 때때로 "형이상학의 형이상학"(Metaphysik von der Metaphysik)이라고도 일컫던 자신의 인식론 외에도 "도덕 형이상학"(Metaphysik der Sitten), 즉 당위에 관한 실천적–독단적 형이상학과 근대 물리학의 기초를 놓으려는 시도인 "자연 형이상학"(Metaphysik der Natur)을 발전시켰다. 그러나 무엇보다도 볼프와 그의 추종자들의 강단 철학에 의해 지배되던 계몽기 중반의 두 세대는 모두 형이상학에 적대적이지 않았다. 독일의 이러한 형이상학적 경향은 의심의 여지 없이 계몽에서 종교가 오랫동안 적극적인 역할을 한 것과 관련이 있다. 형이상학의 첫 번째 특수 부문인 자연신학 내지 이성신학은 도덕철학과 나란히 이성종교의 기초를 놓거나 보충하는 역할을 매번 도맡았다. 여기서는 분파적인 계시신학 외부에서도 신에 대해 말하는 것이 가능했다. 그러나 확실히 독일 강단 철학의 철저성의 경향은 매번 우리를 원칙적인 물음으로 되돌아가도록 이끌었다.

원칙적으로 근본 학문의 필요성에 대한 확신은 올바른 이론에 따라 모든 실천의 기초를 놓으려는 필요성에 대한 확신을, 따라서 진정한 정치는 궁극적으로 진정한 형이상학에 기초한다는 확신도 포함한다. 더욱 놀라운 것은 독일의 계몽주의자들이 정치를 현저히 독단적이지 않은 방식으로, 거의 '개혁주의적인 방식으로' 이해했다는 점이다. 비록 법 이론과 국가 이론(자연법 이론)에서는 매우 까다로운 원칙들이 드물지 않게 세워졌지만, 그러한 원칙들의 점진적인 실현은 군주들의 "국가이성"(Staatsklugheit)에 맡겨져 있었고, 말하자면 혁명을 통해 실천적으로 원칙을 직접 이행하려는 요구는 거의 없었다. 이는 물론 독일의 계몽과 절대주의가 관계 맺는 방식에서 기인한다고 볼 수 있다. 영국에서는 의회주의가 승리한 후 정치 또는 정치이론에 대한 철학의 관심이 분명 쇠약해졌는데, 그 이유는 개혁은 여전히 때마다 필요했지만, 이제 개혁이 원칙적으로 모든 사람에게 중요한 과업이 되었기 때문이다. 프랑스에서는 종교에 기초한 절대주의와 계몽이 흡사 적대적인 집단처럼 거의 동요 없이 맞서고 있었던 반면, 독일에서는 국가의 관료로 계몽주의자들이 필요했듯이 계몽주의자들 역시 고용주를 필요로 했다는 점에서 절대주의의 특수성과 세속성으로 인해 계몽과 절대주의의 오랜 동맹이 생겨났다. 18세기 중반 이후 동맹은 계몽주의자들이 프리드리히 2세와 대립하면서 느슨해지기 시작했으나, 프랑스혁명 후에도 광범위한 영역에서 여전히 지속되었다. 정치적 개혁의 요구에 대한 독일 계몽주의자들의 이러한 억제적 태도는 독일 계몽의 "비정치적인" 성격으로 거듭 비난받았다. 사실상 독일에서는 종교적인 이유로, 그리고 이렇게 분열된 국가에 대한 시민계급의 무력감으로 인해 사회로부터 물러나 내면성으로 침잠하는 경향이 재차 강하게 나타났다. 그러나 벽에 부딪히지 않고서 이를테면 "계몽된 관료제"(aufgeklärte Bürokratie)와 같은 작은 범위 안에서 개선 가능한 일들을 도모하는 것도 물론 정치적으로 영리한 처신이었다.

이런 점은 독일 계몽의 자기 이해에도 부합한다. 거기서 계몽 개념은 처음부터 중요한 역할을 했는데, 처음에는 행동 개념으로, 나중에는 시대 개념으로 사용되었다. 이미 1681년에 "지성의 계몽"(Aufklärung des Verstandes)이라는 표현이 사전에 등재되었다. 17세기 후반에 'aufklären'(계몽하다)라는 말의 더 빈번한 사용은 어쩌면 프랑스어 'éclairer'(밝히다)의 영향 때문일 수도 있고, 어쩌면 고전 라틴어 전통의 표현 'clarificatio'(명료화)도 역할을 했을 수 있으나, 영어의 영향은 거의 배제될 수 있다. 어떤 경우든 간에, 다른 언어에 선례가 없는 동사가 명사화된 용어, 'Aufklärung'(계몽)의 형성은 전형적으로 독일적이다. 이는 다소 의식적으로 의도된 행위를, 그리고 그런 점에서 계획적인 행위를 표시한다. 물론 'Aufklärung'이라는 용어는 처음에는 'Erhellung'(밝힘)이나 'Erleuchtung'(조명) 같은 유사한 뜻을 지닌 용어와 경쟁해야 했지만, 18세기 중반에 이르러 이미 확고히 자리 잡기 시작했다. 동시에 원래 주로 지성과 관계하던 형용사 'aufgeklärt'(계몽된)는 현재의 시대와 관련하여, 심지어 더 자세히 설명될 필요 없이 이미 자명한 개념으로 사용되기에 이르렀다. 이리하여 이제 "계몽된 시대"(aufgeklärten Zeiten)라거나 "조명된 시대"(erleuchteten Zeiten)라는 표현도 사용된다. 그런 다음 칸트는 계몽에 관한 자신의 논문에서 "계몽된 시대"(aufgeklärten Zeitalter)와 "계몽의 시대"(Zeitalter der Aufklärung)를 명확히 구별한다.

칸트의 논문은 단연코 계몽을 주제화한 저술들 가운데 가장 널리 알려져 있고 가장 의미심장한 글이다. 물론 그는 계몽을 개념의 명료화나 타자에 대한 계몽으로 (합리주의적으로) 해석하기보다 일차적으로 개인의 자기 해방으로 (해방주의적으로) 해석한다는 점에서 전형적이지 않았지만, 그럼에도 18세기의 마지막 20년간 독일에서 활발했던, 그러나 이후 오랫동안 망각된 계몽의 올바른 이해 또는 계몽의 자기 이해를 둘러싼 토론의 맥락을 보여 준다. 이 토론은 계몽의 본질, 가능성, 그리고 한계에 관한 것이었다. 사실상 이러한 논쟁은 계몽이 시작될 때부터 존재하던 것이었지만, 18세기 말에야 비로소 독일 계몽이 자신의 역사적 자기의식을 발전시키도록 만든 "진정한 계몽"(wahre Aufklärung)에 관한 보편적이고 공적인 논쟁이 되었다.

V. 유럽과 미 대륙: 수용과 반역

18세기의 계몽은 영국, 프랑스, 독일에서 특히 일찍 강력하게, 또 생
산적이고 두드러지게 나타났지만, 이 나라들만의 특권은 아니었다.
유럽 전역뿐만 아니라 미 대륙에서도 주목할 만한 근대화 과정이 있
었고, 이는 적어도 부분적으로는 계몽의 표지 아래 일어났다. 이처럼
많은 나라에서 유사한 조건으로 인해 유사한 발전이 진행되었지만,
또한 언제나 "특수한 경로들"을 거치거나, 심지어 자립적으로 발전하
기도 했다. 저마다 고유한 상황에 대한 자발적인 반응뿐만 아니라 다
른 나라들의 발전에 관한 정보 수집은 각 나라들을 상이한 반성과 개
혁의 절차로 이끌었는데, 예를 들어 계몽주의적 해방의 절차는 자주
계몽과 거리를 두었던 나라에서 민족적 자유 운동과 결합되기도 했
다. 따라서 영국, 프랑스, 독일의 외부에서 계몽은 단지 "핵심국"에서
"주변국"으로 확장되었다는 의미에서 수출이나 수입 현상으로만 이
해되어서는 안 된다. 계몽의 확산 현상은 그 자체로 (또 부분적으로는
영국, 프랑스, 독일 사이에서 문화적 전이나 계몽의 전이로도 일어났
다는 점에서) 부인할 수 없는 사실이지만, 모든 수용은 자신의 문제,

즉 각 나라가 처한 고유한 상황에 대한 비판을 전제하며, 그런 한에서 어느 정도는 반대나 반역의 잠재적 가능성 또한 전제한다. 따라서 유럽과 미 대륙 어디에서나 계몽의 접점은 매우 다양하게 존재한다.

게다가 계몽의 확산이 계몽의 다양한 모델 혹은 유형이 부분적으로 협력하고 부분적으로 경합하는 관계의 결과라는 점도 간과해서는 안 된다. 특히 독일 계몽과 프랑스 계몽의 관계는 주목할 만하다. 이것들은 실제로 여러 면에서 다르지만, 무엇보다 형식에서, 특히 비판의 어조에서도 상이하다. 따라서 동시대인들에게 독일 계몽은 온건하고, 프랑스 계몽은 급진적인 것처럼 비춰져서 양자는 상이한 평가를 받았다. 프랑스 계몽은 이미 18세기 말에 혁명을 위한 준비로 거듭 해석됨으로써 본래적인 계몽으로 이해될 수 있었던 반면, 독일의 개혁주의적 계몽은 많은 사람들에게 비본래적인 계몽으로, 심지어 때로는 대항계몽으로 여겨질 수 있었다.

계몽의 특정한 방식을 개척하는 데에는 일련의 요인들이 중요한 역할을 했다. 예를 들어, 계몽이 전파되는 사회적 경로, 즉 (프랑스 계몽에서 두드러지듯) 귀족의 관점에서 일반적인 문화적 수용의 틀 안에서 계몽의 수용이 관건인가, 아니면 (독일 계몽에서 두드러지듯) 시민계급의 지식인 문화에서 채택되었다는 의미에서 계몽의 수용이 관건인가도 중요한 역할을 했다. 또한 일반적인 중요성을 지닌 다른 요인들로 지리적이거나 언어적인 근접성과 종교적 및 문화적 전통의 공통성이 있었다. 예를 들어, (좁은 의미에서) 잉글랜드 계몽은 대영제국의 정치적 및 언어적 통일성으로 인해 인식 가능한 모든 차이에도 불구하고 스코틀랜드 계몽과 긴밀하게 하나의 철학적 및 문예적 통일을 이룬 반면, 아일랜드는 오직 프로테스탄트에 속하는 상류층만이 영국 계몽에 참여했다. 오스트리아와 독일어권 스위스도 독일과 문화적 연관 지점이 상당했음에도 불구하고 독일과 종교적 및 정치적으로 분리된 상황으로 인해 자국의 고유한 문화생활을 가꾸면서 계몽의 고유한 형식을 발전시켰다.

1. 오스트리아와 스위스

상이한 조건으로 인해 오스트리아는 독일 또는 프로이센과 상당히 다른 방식으로 발전했다. 오스트리아는 대항종교개혁의 결과로 정치와 문화가 종교적으로 강력하게 규정되는 철저한 가톨릭 국가가 되었고, 심지어 1733년에는 잘츠부르크의 개신교도들이 추방되기도 했다. 다른 한편, 세기 중반 이후에는 왕위 계승 전쟁에서 프로이센에게 패배한 후 중앙집권적 절대주의를 만들기 위한 일련의 실천적 개혁이 단행되었으나 독일처럼 이론적 계몽 개념에 구속되지는 않았다. 황후(자신의 어머니인 마리아 테레지아)의 서거 후 1780년 공식적으로 통치권을 이양받은 신성로마제국 황제 요제프 2세(Joseph II., 1741~1790 재위)는 계몽된 절대주의라는 의미에서 프로이센을 지향하는 이러한 조치를 계속했고, 법질서를 통일하고 귀족 특권을 폐지하는 한편, 무엇보다도 교회와 국가의 관계를 느슨하게 만들어 사회를 세속화함으로써 오스트리아의 근대화를 위해 노력했다. 이 과정에서 그는 이전에 마리아 테레지아가 그랬듯이, 다재다능한 개혁가 요제프 폰 존넨펠스(Joseph von Sonnenfels, 1733~1817)의 지원을 받았는데, 이 인물은 기독교로 개종한 다름슈타르 출신의 유대인 은행

가로서 빈에서 헌법학 교수로 재직하면서 특히 풍부한 저술 활동을 펼쳤다. 그러나 이웃 나라를 따라잡아야 할 필요성 때문에 급히 추진된 위로부터의 계몽은 사실상 위로부터의 혁명이었다. 이러한 요제피니즘(Josephinismus)은 인민들에 대한 설득 없이, 특히 교회 정치에 기초하지 않고 단행된 탓에 이내 실패했다. 요제프 2세는 죽기 직전에 자신의 조치를 일부 철회해야 했다.

반면 스위스에서 정신적 발전은 다르게 진행되었다. 알프스 공화국에서 계몽의 발전은 스위스의 복잡한 정신적 혼합 상황에 의해 조건 지어져 있었다. 이는 특히 독일에 접한 동부 스위스와 프랑스에 접한 서부 스위스의 분열뿐만 아니라 가톨릭 구역과 프로테스탄트 구역의 차이 때문이기도 했다. 18세기에 알프스 산악의 거주민들이 일반적인 유럽 근대화 과정에 비해 어느 정도 낙후되어 있었다는 점은 스위스인들의 '외부 지향성'을 강화하였는데, 말하자면 바젤, 베른, 취리히의 사람들은 독일, 특히 프로이센을 지향하고, 제네바 사람들은 파리를 지향했을 뿐만 아니라 독일어권 스위스에서는 반프랑스적 경향으로 인해 부분적으로 영국 문헌들이 크게 수용되었고, 심지어 서부 스위스에서 독일 법철학이 (프랑스어로 번역되어) 수용되기도 했다. 알브레히트 폰 할러와 같은 많은 스위스인들이 장기간 내지 단기간 고국을 떠났거나 장 자크 루소처럼 영원히 고국을 떠났지만, 문예 이론에서는 (요한 야콥 보드머와 요한 야콥 브라이팅거의) 취리히 학파와 같은 자립적인 계몽의 중심도 형성되었고, 서부 스위스의 자연법학파와 그 대표자인 장 바르베이락(Jean Barbeyrac, 1674~1744)과 장 자크 뷔를라마키(Jean-Jacques Burlamaqui, 1694~1784) 및 에메르 드 바텔(Emmerich von Vattel, 1714~1767)은 무엇보다 푸펜도르프와 토마지우스의 영향을 받았다. 애국적인 개혁을 강조하려는 의도에서 예컨대 이자크 이젤린(Isaak Iselin, 1728~1782)과 비트 루이스 드 무랄트(Béat Louis de Muralt, 1665~1749)는 자국에서 활동하려 했다. 스위스 최초의 애국회인 "헬베틱 소사이어티"(Helvetic Society, 1761)를 비롯한 그 밖의 애국회들은 그러한 실천적이면서도 동시에 애국적이고 공화주의적인 계몽의 중요한 매개체를 이루었다. 게다가 당시 프로이센령이었던 뇌샤텔(Neuchâtel)에서는 프랑스 백과사전의 온건한 대응물인 『이베르동 백과사전』(Encyclopédie d'Yverdon, 1770~1780)이 편찬되기도 했다.

2. 이탈리아, 스페인, 포르투갈

유럽 남부 및 남서부 로만계 나라들 전반에서 나타난 비교적 큰 계몽운동에 대해 말할 수 있는 한, 이 나라들에서의 계몽의 상황은 상당히 다르게 나타난다. 이탈리아, 스페인, 포르투갈은 계몽 면에서도 지리적 및 정치적 이유로, 그리고 종교적 및 문화적 이유로, 또한 무엇보다 언어적 이유로 자연스럽게 특히 프랑스의 영향을 받았다. 그러나 자세히 살펴보면 이처럼 엄격한 가톨릭 국가들에서도 정신적이고 사회적인 개혁이나 심지어 혁명을 위한 상당히 독자적인 단초가 나타났고, 심지어 그중 일부는 유럽 전역에 영향을 끼쳤다.

　18세기에 여전히 여러 나라로 분열되어 있었고 독일과 마찬가지로 수도가 없었던 이탈리아에서 특히 바티칸 교황청의 형태로 나타난 가톨릭은 실제로 정치적으로는 물론이고 정신적으로도 보수적인 세력이었고, 계몽은 거의 위험으로만 여겨졌다. 따라서 로마는 많은 사람들에게 대항계몽의 중심지였다. 이론적으로 명확한 계몽 개념이 거의 포함되진 않았지만 그럼에도 교회 내부에서도 가톨릭 개혁에 관한 생각들은 발전했다. 예를 들어, 수도원장 루도비코 안토니오 무라토리(Ludovico Antonio Muratori, 1672~1750)는 일찍이 세속적인 역사학과 문화의 개혁을 옹호했다. 프랑스에서 오랜 기간 생활한 수사 페르디난도 갈리아니(Ferdinando Galiani, 1728~1787)와 같은 다른 성직자들도 프랑스 계몽의 영향을 받아 내적으로는 가톨릭과 거리를 두기도 했다. 또한 세속적인 계몽의 단초는 주로 북부 이탈리아에서 특징적으로 나타난다. 밀라노에서는 민족 계몽을 지향하는 젊은 개혁가들이 정기간행물 『일 카페』(Il Caffè, 1764~1766)를 중심으로 모였는데, 이들 중에는 고문과 사형제 폐지를 주장하는 논고 『범죄와 형벌』(Dei delitti e delle pene, 1764)로 유럽 전역에 파문을 일으킨 체사레 베카리아(Cesare Beccaria, 1738~1794)도 속해 있었다. 계몽된 절대주의의 의미에서 오스트리아의 통치를 받던 북부 이탈리아 나라들 중 하나인 토스카나에서는 레오폴트 2세(Leopold II., 1765~1792 재위)[1] 대공에 의해 이러한 요구가 단기간에 실현되기도 했다. 나폴리에서는 잠바티스타 비코(Giambattista Vico, 1668~1744)가 더는 계몽이 아닌 새로운 역사철학을 통해 데카르트적인 기원을 지닌 합리주의에 대한 비판을 전개했으며, 이곳은 1799년 프랑스의 지원으로 잠시 자코뱅파가 통치하기도 했다.

---

1 [옮긴이] 원서에는 레오폴트 1세(Leopold I.)로 잘못 표기되었다.

스페인 역시 엄밀히 말해 "계몽이 부재하는 나라"는 아니었다. 계몽이 처음 개시된 후 부르봉 왕 펠리페 5세(Felipe V., 1700~1746 재위) 치하에서 대항 종교개혁의 발원지로서 일련의 개혁이 추진되었고, 이는 무엇보다도 학술원과 애국회의 설립으로 이어졌다. 세기 중반까지 가장 중요한 계몽주의자 중 한 사람인 베네딕토회 신부 베니토 헤로니모 페이호 이 몬테네그로(Benito Jerónimo Feijóo y Montenegro, 1676~1764)는 17세기 프랑스 철학뿐만 아니라 뉴턴의 영향 또한 받았다. 카를로스 3세(Carlos III., 1759~1788 재위) 치하에서 계몽된 절대주의의 계몽된 관료제의 주요 대표자인 페드로 파블로 알라르카 데 볼레아 아란다(Pedro Pablo Alarca de Bolea Aranda, 1718~1798) 장관이 1767년 예수회를 금지했고, 이 시기 스페인의 자유화는 정점에 이르렀다. 문학과 연극은 번창했지만, 대중에게 인기가 많던 성체축일(Corpus Christi) 연극 공연은 신성 모독으로 금지되었다. 파리보다 20년 앞서, 1759년에 마드리드에서 최초의 일간지가 발간되기도 했다. 그러나 훗날 나폴레옹이 스페인을 정복하면서 자유주의적이고 강력한 국가 개혁 운동은 좌절되었다.

포르투갈에서도 지배적이었던 가톨릭 세력은 처음에 비판적인 혁신을 전부 억압했다. 프랑스 계몽의 영향을 받은 폼발 후작(Marquis de Pombal, 1699~1782)이 요제프 1세(Joseph I., 1750~1777 재위) 치하에서 1756년에 총리로 집권하면서 상황은 급변했고, 이제 절대주의적 추진력과 더불어 포르투갈은 급진적인 근대화에 돌입했다. 폼발이 명한 성직자 견제 조치의 극단은 1759년 계몽주의자들의 미움을 사던 예수회를 추방하고 처형하고 투옥한 것이었다. 이렇게 해서 포르투갈은 잠시 유럽 계몽운동의 최전선에 서 있는 것처럼 보였다.

하지만 1777년 폼발은 실각했고, 포르투갈은 다시 유럽 계몽운동에
서 이탈했다.

3. 네덜란드, 덴마크, 스웨덴

개신교가 우세한 북부 유럽와 북서부 유럽에서 계몽은 가톨릭이 우
세한 남부 유럽과 남서부 유럽의 경우와 또 다른 모습으로 나타난다.
스코틀랜드와 아일랜드가 잉글랜드와의 국가적 및 문화적 연관 속에
서 계몽의 문제를 해결한 반면, 네덜란드와 덴마크, 스웨덴은 상대적
으로 독립적으로 자신의 고유한 문제를 풀어 나갈 수 있었다.

　　17세기 후반과 18세기 전반에 관용으로 유명했던 네덜란드는
특히 광범위한 서적과 신문 인쇄를 통해 계몽주의자들의 사상이 출
현하고 소통되는 데 중요한 역할을 했다. 낭트 칙령이 폐지된 후, 네
덜란드는 많은 위그노들의 피난처가 되었다. 망명지에서 이러한 프
랑스 개신교도들의 계몽사상은 네덜란드의 데카르트주의 및 자연
과학과 결합될 수 있었는데, 이들 중 가장 유명한 대표자인 크리스티
안 하위헌스(Christian Huygens, 1629~1695)와 안토니 판 레이우엔훅
(Antoni van Leeuwenhoek, 1632~1723)이 국제적인 명성을 누린 데 반
해, 네덜란드에 살았던 철학자 바뤼흐 데 스피노자(Baruch de Spinoza,
1632~1677)가 〔신학정치론(*Tractatus theologico-politicus*, 1670)에서〕
수행한 종교비판은 처음부터 격렬히 배척당했을 뿐이다. 물론 어느
사상가든 간에 대중적 계몽이라는 의미에서 광범위한 영향을 발휘하
진 못했고 당대에는 그런 것을 거의 의도하지도 않았다. 네덜란드의

독자적 계몽은 18세기 후반에서야 발전했는데, 이러한 지연은 특히 프랑스 계몽의 무신론적 및 유물론적 경향에 대한 반작용 때문이기도 했지만 프랑스의 계속되는 팽창에 대한 두려움과 같은 정치적 이유도 한몫을 했다. 공화주의적 성향을 띠었으나 종교적 사안에서는 다소 보수적이었던 네덜란드의 개혁 계몽은 때로는 독일과 유사하게 스스로를 "진정한 계몽"(ware verlichting)으로 여겼으며, 신앙과 이성의 타협을 추구했고 도덕을 통해 사회를 쇄신하고자 했다. 그러나 이러한 기획은 또 다시 혁명이라는 이름으로 1795년 프랑스가 네덜란드를 정복함으로써 희생되고 말았다.

덴마크는 18세기에 아직 함부르크까지 영토가 뻗어 있는 강대국이었다. 이런 이유로 덴마크는 계몽의 주창자들 사이에서도 언어와 이해관계가 서로 다른 두 민족이 병존하였으나 그럼에도 이들은 학교 설립 정책의 도입과 같은 실천적 개혁을 위해 철저히 협력했다. (고위 관직까지) 독일인의 비율이 높았기 때문에 덴마크의 정신적 상황은 18세기 전반에는 무엇보다도 독일의 정신적 흐름(경건주의뿐만 아니라 볼프주의와도)과의 대립으로 특징지어졌다. 예를 들어, 18세기 후반에도 여전히 요한 베른하르트 바제도우는 소뢰(Sorø)에 있는 기사아카데미(Ritterakademie)에서 가르치고 있었고, 정신병을 앓던 왕 크리스티안 7세(Christian VII., 1766~1808 재위)의 주치의이자 급진적인 계몽주의자였던 독일인 요한 프리드리히 슈트루엔제(Johann Friedrich Struensee, 1737~1772)는 1770년 검열을 폐지하는 데 공을 세워 덴마크가 현저하게 자유로운 나라라는 명성을 얻게 했다. 덴마크 민족을 대표하는 가장 중요한 계몽주의자는 할레에서 토마지우스 아래에서 수학한 작가 루드비 홀베르(Ludvig Holberg, 1684~1754)

로서 그는 덴마크에서 직접 자연법 이론을 가르쳤고 계몽된 절대주의를 주창했다. 특히 그는 종교적 불관용에 맞서 싸웠고, 이러한 영향 아래 덴마크 시민계급 출신의 다른 계몽주의자들은 후에 귀족에 대한 비판 또한 널리 전파했다.

스웨덴에서 계몽은 처음부터 프랑스의 영향을 강하게 받았는데, 이는 계몽이 귀족을 통해 스웨덴에 들어왔기 때문이기도 하지만 어쩌면 프로이센에 대한 스웨덴의 본래적인 적대감 때문일 수도 있다. 이 땅에서 18세기 전반기에 계몽사상을 발전시키려는 시도는 상대적으로 미미했으나, 세기 중반부터 프랑스 문화의 영향과 프랑스 계몽의 수입에 점점 더 개방되었다. 이 과정에서 스웨덴 왕 아돌프 프레드리크(Adolf Fredrik, 1751~1771 재위)와 왕비 루이제 울리케(Luise Ulrike, 1720~1782)는 결정적인 역할을 했다. 1739년 일찍이 과학 학술원이 설립된 뒤 곧 순문학과 역사의 학술원, 오페라 극장, 국립극장과 스웨덴 학술원도 설립되었다. 1760년부터 발행된『스웨덴판 머큐리』(der Schwedische Merkur)는 계몽을 위한 저널리즘의 토론장 역할을 했으며, 1766년에는 언론의 자유가 제한적으로 허용되었다. 이러한 발전 과정에서 동사 '계몽하다'에 대응하는 프랑스어 'éclairer' 외에도 독일어 명사 'Aufklärung'을 본으로 삼는 스웨덴어 명사 'upplysning'이 서서히 등장한다. 동시에 이런 식의 계몽 수용의 한계도 분명해진다. 종교와 교회에 대한 프랑스식의 비판은 개신교 국가인 스웨덴에서는 거의 반향을 일으키지 못했다. 반면에 스웨덴 계몽의 정치적 야망은 거의 모든 곳에서와 마찬가지로 계몽된 절대주의에 대한 희망과 공화국을 향한 성향 사이에서 동요했다. 게다가 식물학자 칼 폰 린네(Carl von Linné, 1707~1778)와 자연철학자이자 신학자인 에마누엘

스베덴보리(Emanuel Swedenborg, 1688~1772)와 같은 스웨덴 계몽주의의 중요한 대표자들도 비합리주의에 대한 강한 성향을 여전히 발전시키고 있었거나 다시 발전시켰다. 그러나 프랑스혁명이 발발하기 전부터, 또 그 이후에는 더욱더 정신적 분위기가 변화하기 시작한다. 본래 계몽을 지향했던 구스타프 3세(Gustav III., 1771~1792)는 (계몽의 프랑스적 형태가) 군주제와 종교를 명백히 위협했기 때문에 점차 계몽에 반대하게 되었다. 그런 뒤 1790년대에는 추정컨대 독일의 영향을 받아 스웨덴에도 진정한 계몽에 관한 논의가 도입되었다.

4. 폴란드, 러시아, 헝가리

동유럽과 남동부 유럽에서 계몽은 적어도 얼핏 보기에는 단지 그림자처럼 존재한 것 같다. 현존하는 계몽운동의 지지층이 서유럽에 비해 훨씬 얇았고, 몇 가지 예외를 제외하고는 위대한 개성을 지닌 인물도 부족했다. 이처럼 전반적인 계몽과 개혁의 절차가 부진했던 것은 무엇보다 서로 긴밀하게 연관된 세 가지 이유, 즉 교육의 전반적인 부족, 대중의 극심한 빈곤, 가톨릭교회 내지 정교회의 강력한 지위에서 기인한다. 무엇보다 중부 유럽과 서유럽에 비해 많은 영역에서 낙후된 이곳의 상황은 온갖 종류의 개혁을 필요로 했으나, 이러한 조건은 동시에 계몽을 통한 정신적 개혁을 가로막고 있었고, 부분적으로는 오늘날까지도 유효하다.

　폴란드는 18세기에 철저한 가톨릭 국가였으며, 이곳의 정신적 생활은 여전히 예수회의 대항종교개혁에 의해 규정되었다. 그러나

중하층 귀족뿐만 아니라 대부분의 시민계급 출신인 성직자들 사이에서도 18세기 전반기에 교육개혁의 주창자들이 이미 나타나서, 예컨대 1740년 바르샤바에는 기사학교가 설립되었다. 이 과정에서 다양한 계몽주의적 시도들이 충돌했다. 처음에는 중요한 개혁의 추진원을 독일에서 획득했으나, 스타니스와프 2세 아우구스트 포니아토프스키(Stanislaus II. August Poniatowski, 1764~1795 재위)가 즉위한 후에는 프랑스의 영향력이 매우 강해졌다. 그러나 주로 귀족에 국한되어 있던 프랑스 문화의 수용과 더불어 프랑스 계몽사상도 폴란드 땅으로 들어왔는데, 이 사상에는 종교비판과 봉건제 비판도 함께 포함되어 있었다. 이와 동시에 폴란드의 정치적 상황과 관련하여 사회 개혁에 관한 광범위한 논쟁이 시작되었다. 1791년 5월 3일, 폴란드 의회는 유럽의 국가들 가운데 최초로 성문 헌법을 통과시켰다. 하지만 이후 러시아, 독일, 오스트리아에 의한 폴란드의 분할 통치로 인해 이 땅의 계몽은 빠른 종말에 이르렀다.

휠씬 넓은 개념으로 이해할 때, 러시아에서 계몽은 상당히 일찍, 말하자면 절대주의적 통치자 표트르 1세(Peter I., 1682~1725 재위)와 함께 시작되었다. 표트르 대제는 "서구 사상"의 영향 아래 러시아에서 강제적이면서도 무자비한 근대화를 관철하려 했다. 관건은 인민을 계몽하는 것이 아니라 국가, 특히 국가의 경제와 군대를 근대화하는 것이었다. 그러나 예컨대 1724년 과학 학술원의 설립과 관련하여 취한 조치들은 아직 초기 단계에 머물렀다. 여제 엘리자베타(Elizaveta, 1741~1762 재위) 치하에서 상트페테르부르크에 모스크바 대학(1755년)과 예술 학술원(1757년)이 설립된 뒤에야 계몽은 적어도 지도적인 엘리트층들 사이에서 발판을 마련하기 시작했다. 그 과정에서 특히 볼프학파 출신인 미하일 바실리예비치 로모노소프(Mikhail Vasilyevich Lomonosov, 1711~1765)가 중요한 역할을 맡았다. 다음으로, 종교적으로는 관용적이지만 정치적으로는 절대 권력을 추구했던 여제 예카테리나 2세(Ekaterina II., 1762~1796 재위)는 프랑스 계몽주의자들에게 조언을 구하였고 계속해서 서구 문화에 개방적인 태도를 취했다. 하지만 증대되는 교육은 항상 극소수의 상류층에 국한된 데 비해 인민 대다수는 배제된 채 머물렀고, 이들은 "서구 사상"에 대한 불신이 가득했으며 인민들의 정신을 지배하는 것은 러시아 정교회였다. 그 후 프랑스혁명이 계몽된 절대주의를 그 자체로 위협하자, 러시아에서도 계몽의 절차는 갑자기 결렬되었다.

남동부 유럽, 특히 헝가리에서 계몽의 발판이 마련될 수 있었던 것은 오스트리아와의 정치적 연결 때문이었다. 비록 상대적으로 늦기는 하지만 1770년대에야 비로소 헝가리 계몽이 고유하게 나타날 수 있었다. 그러나 헝가리 계몽은 오스트리아의 요제피니즘에 매우 제한적으로만 공감했다. 귀족이든 시민계급이든 이미 대다수가 애국적이거나 '민족적'(national)인 태도를 가졌기 때문이다. 당시 일반 교육이 부족하던 상황에서 계몽의 전파자 대부분은 구시대의 엘리트 출신이었다. 헝가리 계몽 문학의 창시자 죄르지 베셰네이(György Bessenyei, 1747~1811)는 과거 오스트리아 황후 마리아 테레지아의 경호원이었고, 다른 작가들은 다양한 종교 단체 출신이었다. 다른 곳과 마찬가지로 정기간행물 및 서적 출판은 특히 요제프 2세의 통치 기간에 급속히 증가했다. 시민계급 진영 내부의 소수 집단은 18세기 말 프랑스혁명의 급진적 사상에 잠시 관심을 기울이기도 했다.

5. 미 대륙

18세기에 미 대륙의 정신적 상황은 유럽과 비슷하면서도 상당히 다르게 나타난다. 18세기 말까지 미 대륙은 여전히 유럽의 식민지였고, 특히 이곳은 이민자의 땅이었기 때문에, 계몽의 시대 초기에는 유럽의 정신적 운동을 반영했을 뿐이다. 스페인과 포르투갈의 지배를 받던 가톨릭계 남미에서 계몽은 거의 주목받지 않았다. 북미에서는 영국, 프랑스, 독일의 개혁 운동이 적어도 산발적으로 관찰되었지만, 자국의 작가가 없었기 때문에 처음에는 유럽의 저작들이 읽혔다. 다른 한편, 이곳은 전통에 얽매일 부담이 거의 없는 땅이라는 점에서 근대 사상에 특히 유리한 지반이기도 했다. 종교적 관용과 인권 존중과 같은 요구는 말하자면 미국의 출생증명서의 일부였다. 이는 예컨대 자연법적 원칙들과 공화주의적 경향의 채택을 촉진했고, 그런 뒤 독립 전쟁에서, 그리고 무엇보다 독립선언문(1776)과 권리장전(1791)의 문구에서 표현되었다. 토머스 페인(Thomas Paine, 1737~1809), 벤저민 프랭클린(Benjamin Franklin, 1706~1790), 토머스 제퍼슨(Thomas Jefferson, 1743~1826)과 같은 이 시대의 주요 인물들은 계몽주의적인 유럽과 접점을 유지했다. 모국인 영국에 대한 아메리카 식민지의 반란은 본래 그리고 주로 경제적인 반대 운동이었음에도 불구하고, 본질적으로는 영국에서 나온, 물론 일부는 프랑스와 독일에서 나온 계몽사상의 이름으로 정당화되곤 했다. 미합중국은 영국 왕정에서 벗어나 계몽의 의미에 따라 개인의 자유와 자기 자신의 행복 추구의 권리를 보장하는 성문 헌법을 갖춘 최초의 근대 민주주의 국가가 되었다. 이는 유럽 계몽에 역으로 영향을 가하지 않을 수 없었다. 18세기의 많은 유럽 작가들에게 이제 미 대륙은 자유의 땅으로 보였다.

분명히 계몽의 수용과 계몽주의자들의 반역은 여러 방식으로 연결되어 있었다. 한편으로는 유럽의 여러 나라 내부에 반대나 반역의 잠재적 가능성, 따라서 자국의 내적 관계에 대한 비판의 여지가 있었는데, 이는 자국 계몽의 발전 또는 외국 계몽의 전유로 이어졌다. 다른 한편으로 타국(예컨대 미국이나 프랑스)에서 일어난 반역이나 혁명이 자국에서의 모방을 자극했다. 그러나 프랑스혁명의 귀결에서 보듯, 혁명의 수용, 특히 외국의 혁명군에 의한 혁명의 폭력적 수입은 반혁명으로 이어지고 계몽의 수용의 종말, 즉 반란에 대항하는 반란으로 이어지는 일이 일어날 수도 있었다.

VI. 계몽 — 한 시기의 종말?

1. 계몽의 실패

1780년 이전에도 '핵심적인 나라들'에서 계몽은 이미 눈에 띄게 쇠퇴하기 시작했다. 계몽의 위대한 선구자와 대표자들이 점차 세상을 떠나는 한편, 계몽의 표어(특히 '계몽'이라는 낱말 자체)는 계속 반복되면서 점점 더 인기와 파급력을 잃었다. 동시에 공개적으로 비합리주의적인 대항운동이 곳곳에서 일어났고, 무엇보다도 젊은 세대가 이 운동에 동참했다. 계몽의 도덕주의와 연결된 낡은 감상주의 대신에 이제 감정과 상상력, 자연과 역사, 그리고 기적과 기괴한 것이 거칠게나마 재평가되고, 어둠이 매력을 획득하고, 이른바 피상적인 지성의 명료성에 반대하는 흐름이 생겨났다. 게다가 한편으로는 이성 종교에 의해 충족되지 못한 새로운 종교적 필요가 나타났지만, 다른 한편으로는 계몽의 위협이나 공포에 관료적으로 대응하려는 권력자들의 정치적 필요도 커지고 있었다. 어느 쪽이든 간에, 한때 공격적이었던 계몽은 점점 더 방어적인 입장에 처하게 되었다.

계몽의 종말에 결정적인 역할을 한 것은 프랑스혁명의 발발이었다. 혁명의 첫 인상은 계몽의 근본적 요구들의 실현을 약속하는 것처럼 보였다, 따라서 많은 사람들에게, 계몽과 거리가 먼 지식인들, 특히 독일의 지식인들에게까지 커다란 열광을 불러일으켰다(반면에 프랑스 문화를 동경했던 통치자와 다수의 귀족들이 보유하던 프랑스 계몽에 대한 공감은 1789년 혁명을 기점으로 상당히 갑작스럽게 끝났다). 그러나 파리에서 왕이 처형되고 공포가 지배하기 시작하자, 정신적 및 정치적 분위기는 급변했다. 혁명의 결과로 도처에서 발발한 국가 단위의 전쟁, 특히 나폴레옹의 정복 전쟁은 "계몽의 국제화" 또한 파괴했다. 이성적 세계시민의 꿈은 민족과 국가의 역사적 현실과 충돌했다. 이제 국가 자체는 사회계약이라는 가설에 힘입어 더는 (자유, 정의, 재산 보호 등의) 목적을 위한 수단으로 이해되는 것이 아니라 자연적 또는 역사적 유기체 또는 심지어 신성한 이념으로 재신화화된 채 이해되었다.

계몽의 종말은 자기가 선 입장에 따라 실패와 극복이나 위기와 전환으로 볼 수도 있고, 따라서 대항계몽 내지 새로운 사상의 승리로 볼 수도, 또는 새롭고 더 높은 계몽으로 넘어가는 단순한 통로로 볼 수도 있다. 논쟁은 아직 끝나지 않았다. 계몽의 종말은 자유로운 인간 이성이라는 환상적 이념의 궁극적인 실패를 의미하는가, 아니면 단지 근대의 일시적인 약점을 의미하는가? 우선, 18세기 말의 역사적 계몽의 비참한 종말과 그에 따른 실패의 확인은 거의 피할 수 없다. 18세기 말의 계몽사상이 초기보다 더 많은 진리를 포함한다고 해도 이제는 분명 충분하지 않다. 한 세기를 지나는 동안 많은 표어들에서 나타나는 (예를 들어 지성에서 이성으로, 미덕에서 자유로, 자연적 의무에서 자연적 권리로 이행하는) 강조점의 변화는 이미 변화하는 현실 또는 현실의 경험에 부응하려는 계몽의 노력을 가리키지만, 이는 분명히 부분적으로만 성공했다. 계몽은 그 자체로 더는 이해되지 못한 경험(예를 들어, 자유로운 감정의 재평가)을 가능하게 했다. 특히 프랑스혁명은 오랫동안 추구해 온 인간적 공존의 새로운 가능성을 짧게나마 실현함으로써, 계몽의 개념적 수단으로는 극복할 수 없을 것 같았던 새로운 문제에 직면하게 만들었다.

　　그러나 계몽의 실패 또한 계몽이 성공한 결과였다는 점을 간과해서는 안 된다. 인권과 관용에 대한 요구와 같이 계몽의 많은 업적은 비록 사실상 거듭 위험에 처하곤 했으나 기본적으로 자명한 것이 되었고, 계몽의 요청들 중 일부는 법률 개혁을 통해 국가 질서에 반영되기도 했다. 특히 계몽은 교육 영역에서 문맹 퇴치를 통해 일반적인 근대화 과정을 가속화했으며, 의료 및 위생 영역에서도 실천적 대책을 마련했다. 그러나 무엇보다도 계몽에 의해 광범위하면서도 깊이 영향받은 국가들에서는 이성 중심적인 심성이 생겨났고, 이로써 논증적 비판 능력이 오늘날 일상생활에 (적어도 요구사항으로서는) 자명히 스며들게 되었다. 물론 종교적 또는 정치적으로 계몽 이전으로 회귀하려는 시도는 언제든지 재발할 수 있으며, 낭만주의나 단순한 연극과 같은 사건을 통해 확인될 수도 있다.

　　하지만 계몽은 18세기 당시의 형태로는 역사적인 이유로 실패했을 뿐만 아니라 추상적이고 일반적으로 이해되었다는 점에서 —— 인식의 획득(자기 계몽)은 물론이고 인식의 전파(타자 계몽)와 관련해서도 —— 원칙적으로 문제가 있었고, 따라서 항상 실패할 위험이 있다는 점 또한 강조될 필요가 있다. 왜냐하면 이론 이성뿐 아니라 실천이성도 헌신적인 계몽주의자들이 일반적으로 생각하는 것보다 더 편협해 보이기 때문이다. 인식의 가능성과 한계에 대한 물음은 계몽의 초기부터 따라다녔고 심지어 말기에는 인식에 대한 급진적 비판으로 이어졌지만, 그럼에도 개인이 지닌 경험적 또는 합리적 인식의 확실성은 거의 그대로 보존되었다. 도덕적 개선의 가능성과 한계에 대한 물음도 계속해서 논의되었지만, 철학자와 시인 대부분은 미덕 자체에 대해서는 궁극적으로 의문을 제기하지 않았다. 그러나 무엇보다도 (자기 계몽과 구별되는) 타자의 계몽에 관한 문제, 따라서 통상적인 의미에서의 계몽의 문제는 예나 지금이나 여전히 과소평가되고 있다. 계몽은 대개 가장 필요한 사람들에게는 도달하지 못하며, 이들이 계몽을 향한 의지도 능력도 없는 경우가 드물지 않다. 따라서 계몽이 성공할 확률은 실패할 확률보다 항상 낮다.

2. 계몽의 현재성

아마도 계몽이 남긴 가장 중요한 문제는 계몽의 고유한 기능에 대한 물음, 즉 계몽의 가능성과 한계에 대한 물음이며, 이는 무엇보다 계몽 스스로 만들어 낸 문제와 관련이 있다. 계몽의 많은 성과는 그 시대의 종말과 이후의 멸시에도 불구하고 취소될 수 없었지만, 동시에 계몽에 의해 가능하게 된 발전의 결과로 새로운 문제가 발생했기 때문에, 우리는 오늘날에도 여전히 계몽의 결과 및 대가를 기반으로 살아간다. 세계의 전반적인 근대화 자체로 인해 많은 문제가 발생하기는 했지만, 말하자면 오랜 기간 근대화의 이데올로기를 제공했다는 점에서 무엇보다도 계몽이 비난받는 것은 당연하다. 어쨌든 계몽은 (전통에 맞서 이성에 호소함으로써) 과거 지향 대 미래 수용이라는 그 자체로 오래된 대립을 매우 첨예하게 만들었다. 전통과 해방, 즉 모더니즘과 반모더니즘, 가치 보수주의와 진보를 향한 열망이 날마다 곳곳에서 서로 부딪치며, 그 균열은 특히 개인을 관통한다. 그런 점에서 계몽 자체는 항상 새로운 현재적 문제를 제기한다.

이 문제뿐만 아니라 또 다른 일련의 양극성 문제는 "계몽의 변증법"이라는 폭넓은 개념 아래 정리해 볼 수 있다. 예를 들어, 사람들은 지성을 높이 평가하는 시대 다음에는 (이미 18세기에도 나타나서 사람들을 공포에 떨게 만들었듯) 위대한 신앙의 시대가 재차 뒤따른다고 생각할 수 있다. 따라서 사람들은 또한 관능과 육체가 지성의 강력한 지배에 의해 억압됨으로써 이렇게 억압된 것들이 (18세기에도 실제로 일어났듯이) 어떤 형태로든 반격하거나 헌신적인 인본주의가 전투적인 테러리즘으로 변질될 수밖에 없다고도 생각할 수 있다. 게다가 사람들은 계몽은 (항상) 신화와 투쟁했지만, 계몽 자체가 (이미) 신화로 되돌아간다고, 따라서 한편으로는 모든 것이 신화지만, 다른 한편으로는 모든 것이 계몽이라는 식으로 보다 일반적으로 생각할 수도 있다. 그러나 이 명제가 구체화되려면 무엇보다 계몽의 개념 내부의 수많은 차이들이 식별될 필요가 있으며, 적어도 계몽이 실증주의적이고 전문 기술과 관련된 학문과 잘못 동일시되어서는 안 될 것이다. 어쨌든 이러한 계몽이 단지 자기만족적인 문화 비판에 그칠 것인지, 아니면 보다 반성적인 계몽을 위한 준비 단계가 되길 바라는지는 처음에는 아직 불분명한 채 남아있다.

어느 쪽이든 간에, 계몽에 대한 단순한 질타나 무분별한 계몽 비판은 거의 도움이 되지 않는다. 당연하게도 계몽에 대한 모든 비판 역시 — 시간적인 견지에서나 사태적 견지에서나 — 계몽을 통해 비로소 가능해진 것이기 때문이다. 계몽 비판은 계몽을 가능성인 동시에 현실성으로서 전제하며, 계몽 비판조차 계몽에 대한 계몽이다. 계몽 비판은 비판으로 이해된 계몽에 대한 비판, 따라서 메타비판이지만, 그럼에도 그것 자체도 독단주의나 비합리주의에 빠질 수 있다. 따라서 자기반성이 결여된 계몽을 고발하는 계몽 비판은 무엇보다도 계몽의 고유한 자기반성을 기대하게 한다. 비록 계몽 비판이 이런 식으로 스스로를 오해하더라도 그것은 대항계몽이 아니라 더 높은 계몽을 지향한다. 계몽 비판이 독단주의나 비합리주의로 목숨을 건 도약(salto mortale)을 시도하지 않는 한, 그것은 그 자체로 계몽의 연속일 뿐이며, 문제를 해결한다기보다는 기본적으로 문제를 심화시킨다.

물론 계몽은 계속되는 반성이나 끝없는 분석이라는 의미에서 따분하고 암울하다. 질문은 이것뿐이다. 계몽의 대안은 무엇인가? 우리의 지성 인식이 전부가 아니라는 식의 막연한 감정에 대해 논쟁할 필요는 없다. 그러나 이성이 무언가의 이름으로 자신을 희생해야 한다고 주장한다면 긴급한 성찰이 요구될 것이다. 설령 지금까지의 모든 계몽이 우리가 겪는 문제들에 대한 합리적인 대답을 주지 못했을지라도, 사유가 자기몽매와 자기기만을 바랄 수는 없는 법이다.

이우창
(한국방송통신대학교 문화교양학과)

베르너 슈나이더스의 『계몽은 계속된다』(원제는 "계몽의 시대")는 18세기 전후 유럽 계몽사상의 전개를 폭넓게 소개하는 빼어난 입문서다. 저자 본인이 크리스티안 토마지우스와 독일 초기 계몽 연구의 권위자 중 한 명인 만큼, 특히 18세기 독일의 지적 지형을 개괄하는 데서 이 책은 간결함과 깊이를 아울러 갖추고 있다. 하지만 처음 출간된 시점이 지금으로부터 약 30년 가까이 지난 만큼, 오늘날 18세기 계몽주의 지성사 연구자의 시선에서 볼 때 책이 규정하는 계몽의 상(像)은 다소 빛바랜 감이 있다. 독일어권 바깥의 상황, 특히 영국에 — 잉글랜드와 스코틀랜드에 — 관한 서술이 20세기 중반에 확립된 패러다임에서 크게 벗어나지 못한 것도 약점이다. 예컨대 '철학과 문학'에 입각해 계몽을 설명하는 관점은 독일 계몽에 있어서는 고

1　본 해제는 필자가 2022년 말부터 2023년 초반까지 웹진 한국연구원 "연구자의 지도" 코너에 기고한 글의 내용 일부를 편집·활용하고 있다. 이를 흔쾌히 수락해 주신 오영진 선생님께 감사드린다.

전적인 접근법이나, 잉글랜드와 스코틀랜드 계몽에는 쉽사리 적용되기 어렵다.

이 보론의 역할은 2024년에 『계몽은 계속된다』를 접할 한국 독자를 위해 20세기 후반부터 계몽사상의 연구가 어떻게 전개되었는지, 또 이를 통해 계몽사상의 역사적 이해가 어떻게 진척되었는지를 간략하게 개괄하는 것이다. 이는 크게 세 가지 물음에 대한 답변이기도 하다. 첫째, 계몽사상의 장르적·분과적 범위는 어디까지인가? 둘째, 계몽사상의 지역적 범위는 어디까지로 규정할 수 있는가? 셋째, 계몽사상은 어떻게 규정할 수 있는가? 우선 (슈나이더스 본인이 따르고 있는) 20세기 중반의 고전적 해석 및 여기에 대한 지성사 연구자들의 비판을 짚어 보는 데서 이야기를 시작하자.

계몽사상의 고전적 해석을 구축한 것은 20세기 초중반 각각 독일, 프랑스, 미국에서 출간된 세 권의 저작이라 할 수 있다. 철학자 에른스트 카시러(Ernst Cassirer)의 『계몽주의 철학』(*Die Philosophie der Aufklärung*, 1932)과 문예학자 폴 아자르(Paul Hazard)의 『유럽의식의 위기, 1680~1715』(*La crise de la conscience européenne 1680~1715*, 1935)는 과학적이고 비판적인 이성을 계몽의 핵심으로, 프랑스와 독일의 철학자들을 그 대변인으로 설정하는 관점을 확립했다. 북미 역사학계에서는 1960년대에 피터 게이(Peter Gay)의 노작(勞作) 『계몽주의의 해석』(*The Enlightenment: An Interpretation*, 전 2권, 1966~1969)이 출간됐다. 카시러에게서 많은 영향을 받았음을 밝히는 게이 역시, 영국인들을 무대에 잠시 등장시키기는 하지만, 프랑스와 독일의 계몽주의자들이 철학적·과학적 이성으로 무장하여 기독교의 지배에 맞선다는 전통적인 서사를 이어받았다.

이처럼 계몽주의를 곧 철학적 이성과 동일시하는 관점을 정면으로 논박한 대표적인 인물이 바로 이탈리아의 걸출한 역사가 프랑코 벤투리(Franco Venturi)다. 자신의 1969년 케임브리지 대학 강연을 출간한 『계몽사상의 유토피아와 개혁』(*Utopia and Reform in the Enlightenment*, 1971)에서, 벤투리는 카시러와 게이가 대변하는 철학사적 접근과 함께, 계몽사상을 당시의 사회·경제적 조건으로 환원할 수 있다고 주장하는 맑스주의 사회사가들을 강력히 비판했다. 나아가 그는 계몽 연구가 뻗어 나가야 할 방향을 다음과 같이 제시했다. 첫째, 계몽은 왕정·전제국가에 대항하는 공화국의 투쟁이라는 18세기의 정치적 맥락을 고려해야만 제대로 이해할 수 있다. 따라서 '이성적 정신의 발전'과 같은 추상적인 이야기 대신 공화주의와 같은 당대 정치사상의 구체적인 전개에 주목해야 한다. 둘째, 계몽은 독일과 프랑스에 국한된 것이 아닌 전 유럽적인 사상운동으로 이해되어야 한다. 활발하게 교류하면서도 각자의 의제를 형성한 유럽 각지의 계몽주의자들을 따라, 연구자들 또한 지역별로 고유한 계몽사상의 상호작용을 추적해야 한다.

정치사상의 역할, 그리고 서로 연결되어 있되 구별되는 유럽 각국의 상황에 주목해야 한다는 벤투리의 주문은 이후 계몽사상의 연구사에서 상당 부분 현실화되었다. 이러한 변화는 부분적으로 1950~1970년대 영어권 정치사상사 연구의 혁신에 힘입은 것이었다. 이 시기에 J. G. A. 포칵(J. G. A. Pocock), 퀜틴 스키너(Quentin Skinner), 존 던(John Dunn) 등 영국 케임브리지 대학 역사학과를 본거지로 삼는 역사학자들이 이끈 "케임브리지학파"는 이후 지성사 연구의 고전으로 자리 잡을 일련의 작업을 내놓았다. 특히 이들이 1970년대에 내놓은 세 편의 저작, 즉 포칵의 『마키아벨리언 모멘트』(*The Machiavellian Moment*, 1975), 스키너의 『근대 정치사상의 토대』(*The Foundations of Modern Political Thought*, 전 2권, 1978), 리처드 턱(Richard Tuck)의 『자연권 이론』(*Natural Rights Theories*, 1979) 등은 초기 근대 유럽 정치사상사 이해의 표준이 될 공화주의(republicanism)와 자연법(natural law) 전통의 발굴에 큰 영향을 끼쳤다.

물론 이것이 곧 케임브리지학파가 두 주제를 처음으로 조명했다는 뜻은 아니다. 한스 바론(Hans Baron)의 『초기 이탈리아 르네상스의 위기』(*Crisis of the Early Italian Renaissance*, 1955), 캐럴라인 로빈스(Caroline Robbins)의 『18세기 공화주의자』(*The Eighteenth-Century Commonwealthman*, 1959), 버나드 베일린(Bernard Bailyn)의 『미국 혁명의 이데올로기적 기원』(*The Ideological Origins of the American Revolution*, 1967) 등에서 볼 수 있듯, 공화주의적 전통의 복원 자체는 케임브리지학파 바깥에서 이미 상당 부분 진전되어 있었다. 늦어도 20세기 초반 독일 학계에서부터 논의돼 온 자연법 전통 또한 마찬가지였다. 그렇다면 포칵, 스키너, 턱의 작업은 무엇이 달랐던 것일까?

첫째, 이들은 개별 인물이나 문헌의 탐구를 넘어 특정한 시공간·집단에 공유되는 언어·패러다임을 추적하고, 그것이 무엇을 어떤 방식으로 논의하는 지적 도구였는지, 또 시대의 변화와 함께 어떻게 변화했는지를 보여 주었다. 역사가로서의 실천만이 아니라 정치이론의 문법에도 매우 익숙했던 이들은 사상의 논리를 상당히 명료하게 재구성할 수 있었다. 즉 이들의 저작은 다른 연구자들에게 과거의 문헌을 새롭게 이해하는 렌즈를 제공했다. 둘째, 포칵, 스키너, 턱의 저작은 시공간적으로 광범위한 영역을 다루었다. 『마키아벨리언 모멘트』는 르네상스 이탈리아 도시국가에서 17~18세기 잉글랜드, 다시 18세기 후반 미국으로 이어지는 공화주의 언어의 여정을 다루었고, 『자연권 이론』은 중세 후기 유럽부터 17세기 잉글랜드 혁명기까지의 자연법 이론의 변천을 추적했다. 각각 "르네상스"와 "종교개혁"의 부제가 붙은 두 권으로 구성된 『근대 정치사상의 토대』 역시 중세 후기부터 17세기 초반까지 유럽의 다양한 지적 원천을 포괄하면서 국가와 저항권의 이론이 형성되는 과정을 재구성하고자 했다. 요컨대 1970년대 케임브리지학파의 작업은 후대의 역사가들이 "유럽"의 정치사상을 이해하는 출발점을 마련해 주었던 것이다.

1970년대 이래 영어권 계몽사상 연구의 혁신과 성장을 주도한 대표적인 주제가 스코틀랜드 계몽이라는 데 이의를 제기하기는 어렵다. 한국에는 관련 논의가 매우 제한적으로만 소개되어 있으나, 스코틀랜드 계몽이 하나의 확고한 역사학적 범주로 자리 잡는 과정에서 케임브리지학파와 정치사상사 연구가 수행한 역할은 결코 간과될 수 없다. 여기서는 네 명의 지성사가, 곧 던컨 포브스(Duncan Forbes), 니컬러스 필립슨(Nicholas Phillipson), 이슈트반 혼트(Istvan Hont), 크누드 하콘센(Knud Haakonssen)의 대표적인 활동에 초점을 맞추도록 한다.

1950년대부터 본격적인 활동을 시작한 포브스의 물음 중 하나는 정치사상에서 '근대성'을 어떻게 규정하느냐에 있었다. 모든 시대가 동일한 원리로 설명될 수 있다는 믿음 대신, 각 시대가 그 시대에 고유한 원리와 문제에 따라 움직인다는 인식을 바탕으로 국가와 사회의 작동 원리를 과학적으로 또 학문적으로 설명하려는 태도 ——

이것이 포브스가 규정한 근대성이었다. 18세기 스코틀랜드는 급격한 정치·경제적 변화를 역사이론적 모델로 설명하려는 정치의 "과학"(science)이 등장한다는 점에서 근대 정치사상이 등장하는 시공간이었으며, 흄과 스미스를 포함한 "스코틀랜드 계몽주의자"들은 최초의 근대적 정치이론가들이라 할 수 있었다.

포브스의 문제의식이 가장 철저하게 추구된 작업은 『흄의 철학적 정치학』(*Hume's Philosophical Politics*, 1975)이다. 그는 스코틀랜드 계몽주의의 토대로 17세기 이래의 "근대 자연법 이론"을 지목한다. 그로티우스(Hugo Grotius)와 푸펜도르프(Samuel von Pufendorf)의 저작을 중심으로 인간 사회의 경험적 관찰로부터 자연법적 원리를 도출하는 근대 자연법사상이 확산되었다. 18세기 스코틀랜드의 자연법학자들 및 도덕철학자들은 근대 자연법 이론과 베이컨·뉴턴의 실험철학적 접근법을 결합하여 인간의 심리에서 정치적 권위의 성립, 문명의 발전에 이르는 다양한 주제를 성찰했다. 흄과 스미스는 인간 본성의 원리를 경험적으로 분석하면서 그것이 역사적·사회적 변화에 따라 상이한 형태로 나타난다는 데 주목하고, 이를 토대로 개별 인간의 본성에서 문명의 역사적 발전에 이르는 철학적이고 역사적인 사유 모델을 구축했다. 선과 악, 지배와 저항의 구도로 정치를 이해하는 과거의 도덕정치적 담론 대신 정부 형태, 경제, 사회문화 등의 요소들이 상호작용하는 과정을 비정파적으로, 또 역사적으로 분석할 수 있는 "정치의 과학"(science of politics)의 발명, 그것이 (포브스가 본) 스코틀랜드 계몽의 핵심이었다.

스코틀랜드 계몽을 주도한 문인들은 당대 스코틀랜드에서 실질적으로 어떤 위치에 있었으며, 그들의 저작은 그것을 배태한 사회와 어떠한 관계를 맺고 있었는가? 스코틀랜드 계몽주의자들을 더 깊이 탐구하기 위해서는 결국 18세기 스코틀랜드 사회라는 맥락 속에서 그들의 활동이 지닌 의미를 이해해야만 했다. 케임브리지 역사학과에서 박사학위를 취득하고 ── 그는 포브스의 수업을 듣기도 했다 ── 일찌감치 에딘버러 대학에서 교편을 잡은 필립슨은 스코틀랜드 계몽을 단순히 사상의 집적체가 아닌 하나의 역사적 실체로 구축하는 과정을 주도했다. 그는 스코틀랜드 계몽을 주도한 문인들, 특히 흄과 스미스의 궤적을 중심으로 18세기 스코틀랜드 사회문화의 발전을 탐구하기 시작했다.

필립슨의 테제는 크게 세 가지 층위로 나눌 수 있다. 가장 기저에 있는 것은 정치·경제적 변화다. 1707년 연합법(Acts of Union)으로 잉글랜드와 스코틀랜드가 합병한 이래, 에딘버러와 글래스고를 비롯한 스코틀랜드 저지대의 주요 도시들은 잉글랜드의 교역망과 연결되면서 본격적으로 상업적 발전을 시작했다. 합병의 효과는 제도와 물질의 차원에 그치지 않았다. 명예혁명 이후 런던의 지적이고 문화적인 성장을 선도한 저자들, 예컨대 로크와 애디슨(Joseph Addison), 섀프츠베리(Third Earl of Shaftesbury), 버나드 맨더빌(Bernard Mandeville) 등의 저술이 스코틀랜드로 유입되었다(필립슨은 특히 애디슨과 리처드 스틸의 『스펙테이터』[The Spectator, 1711~1714]가 끼친 영향을 강조한다). 일종의 문화 충격을 경험한 스코틀랜드의 문인들 역시 보다 "세련되고 우아한"(polite) 문예를 추구하도록 이끌렸다. 문인 협회·클럽은 스코틀랜드의 문화적 '교화'를 주도하는 전진기지로 작동했으며, 흄처럼 아예 런던으로 이주해 문필가로서의 성공을 꿈꾸는 이들도 나타났다. 스코틀랜드의 대학은 프랜시스 허치슨(Francis

Hutcheson)으로 대표되는 새로운 도덕철학, 푸펜도르프의 저작을 교과서로 삼는 근대적 자연법 등 새로운 학문을 가르쳐 후속 세대의 사상적 발전에 중요한 토대를 제공했다. 후대에 스코틀랜드 계몽주의자들로 불릴 일련의 문인 네트워크가 사회의 중심부에 본격적으로 모습을 드러내는 시점은 1740년대를 지나서다. 당대 영국의 가장 명망 있는 역사가이자 스코틀랜드국교회 및 에딘버러 대학 모두에서 요직을 거친 윌리엄 로버트슨(William Robertson)을 비롯한 "온건파"(moderate) 엘리트 지식인 집단은 대학과 문인 협회 모두에서 막강한 영향력을 발휘했으며 유럽 문예공화국의 역사에도 족적을 남겼다. 즉 필립슨은 스코틀랜드 계몽주의자들의 지적인 실천을 당대의 경제적 변화, 대학·협회 등 교육문화기구의 활동, 지식인 네트워크의 형성과 연결했으며 이를 통해 스코틀랜드 계몽의 역사적인 골격을 제시했다.

앞서 말한 바와 같이, 포브스는 근대 정치사상의 본격적인 출발점으로 상업과 정치, 그리고 역사의 진보를 본격적으로 사유하기 시작한 스코틀랜드 계몽을 지목한 바 있다. 그러나 그의 연구는 스코틀랜드 계몽주의자들의 저작에서 상업 혹은 정치경제를 구체적으로 어떻게 논의하는가를 다루는 데까지 나아가진 않았다. 그 임무를 맡은 것은 포브스의 정신적 계승자 중 하나라 할 수 있는 혼트였다. 헝가리 망명자였던 그는 1977년 케임브리지 대학 킹스칼리지에서 스코틀랜드 계몽주의와 정치경제학의 형성을 주제로 발족한 연구 프로젝트의 연구원으로 발탁되었다 — 여기에는 케임브리지학파의 주요 구성원 외에 벤투리도 참여했다. 그 결과물로 나온 논문집 『부와 덕: 스코틀랜드 계몽에서 정치경제학의 형성』(*Wealth and Virtue: The Shaping of Political Economy in the Scottish Enlightenment*, 1983)은 스코틀랜드 계몽을 중심으로 계몽사상의 외연을 정치경제론으로 넓히는 분기점 중하나가 되었다. 이후 혼트는 30여 년간 케임브리지학파의 18세기 유럽 정치경제사상사 연구를 이끄는 역할을 맡게 된다.

혼트는 데이비드 흄과 애덤 스미스가 대표하는 18세기 스코틀랜드의 정치경제론에서 맑스 이래 현대 정치경제학 논의를 비판적으로 재검토할 수 있는 지적 원천을 찾을 수 있다고 믿었다. 포콕과 포브스의 연구에 깊은 영향을 받은 혼트는 공화주의와 자연법의 언어가 당대의 정치적 논쟁을 거치면서 근대적인 정치경제학으로 재구축되는 과정을 지성사적 연구로 보여 주고자 했다. 그는 또한 정치경제 논쟁이 올바른 국가발전 전략과 정책 방향을 찾아내려는 실천적인 고민의 산물이라는 점에도 주목했다. 늦어도 17세기 후반부터 영국과 유럽의 논자들은 어떠한 산업을 육성하는 게 좋을지, 어떠한 시장정책(혹은 식민정책)이 자국의 발전에 가장 유리한지를 두고 복잡한 논지를 개진하고는 했다. 대표작 『무역의 질투』(*Jealousy of Trade*, 2005)에 수록된 논문들에서 혼트는 정치경제를 매개로 당대의 정치적 논쟁, 도덕철학적 쟁점, 국가발전 전략, 정치경제학의 발전과정이 교차하는 과정을 정교하면서도 위력적인, 무엇보다 독자의 지성을 자극하는 방식으로 풀어냈다.

혼트의 또 다른 기여는 케임브리지학파와 스코틀랜드 계몽주의의 문제의식이 유럽 계몽주의의 연구로 확장될 수 있는 가교를 마련했다는 것이다. 스스로가 동유럽 출신 망명자였던 그는 (한국을 포함한) 다양한 국적의 학생을 지도했다. 그의 제자들은 유럽 각지에서 유사한 문제의식과 분석 언어를 공유하면서도 각자의 맥락에서 사고하고 논쟁했던 여러 사상가·논객을 발굴하고, 당대의 논쟁이 정치와 경제의 제반 요소를 아우르는 복잡한 것이었음을 보여 주었다. 혼트와 제자들의 연구는 계몽주의 연구가 상업사회·정치경제론·국제정치의 문제의식을 포괄하는 데 지대한 영향을 끼쳤을 뿐만 아니라, 계몽사상을 어느 한 나라에 국한되지 않는, 유럽 전반을 아우르는 논쟁의 언어로 바라보는 토대를 마련했다. 잉글랜드의 상인이자 논객인 존 캐리(John Cary)가 1695년 처음 출간한 잉글랜드 경제론이 18세기 중반 프랑스어, 이탈리아어, 독일어로 번역 출간되면서 각국의 논쟁지형에 따라 변모하는 여정을 추적한 소푸스 A. 라이너트(Sophus A. Reinert)의 『제국을 번역하기』(*Translating Empire: Emulation and the Origins of Political Economy*, 2011)는 이러한 면모를 잘 드러내는 대표적인 저작이라 할 수 있다.

덴마크 출신의 크누드 하콘센은 스코틀랜드 계몽의 사상적 출발점을 근대 자연법에서 찾는 포브스의 서사를 정교한 철학사 연구로 발전시켰다. 그는 에딘버러 대학 철학과에서 흄과 스미스를 연구하면서 포칵을 비롯한 케임브리지학파의 작업을 접했다. 그의 학위논문은 자연법 전통과 스코틀랜드 계몽사상의 연관성을 강조했고, 이는 외부 심사위원이었던 포브스에게 높은 평가를 받았다. 포브스의 추천에 힘입어 하콘센은 자신의 학위논문을 발전시킨 첫 단독저작 『입법자의 과학: 데이비드 흄과 애덤 스미스의 자연법』(*The Science of Legislator: The Natural Jurisprudence of David Hume and Adam Smith*, 1981)을 케임브리지 대학 출판부에서 발간했다. 그는 이후 스코틀랜드 계몽과 자연법 전통을 중심으로 18세기 유럽철학사 연구를 갱신하는 선구자 중 한 명이 된다.

하콘센은 포칵과 스키너가 발굴한 공화주의 전통, 그리고 무엇보다 리처드 턱이 재구성한 "근대적" 자연법 전통을 주의 깊게 참조했다. 턱의 설명에 따르면, 근대 자연법 이론은 기독교인의 정체성만으로는 종파 간의 격렬한 갈등을 봉합하는 게 불가능해진 종교전쟁 시기의 정치적 요구와 맞닿아 있었다. 그로티우스는 기존의 스콜라주의적 자연법을 활용, 종파 혹은 교리와 무관하게 인간 개개인의 자연적 권리와 의무로부터 국가와 사회의 통치권을 도출하는 '최소주의적' 논변을 제시했고, 이는 17~18세기에 푸펜도르프와 홉스, 장 바르베이락(Jean Barbeyrac) 등을 거쳐 프로테스탄트 유럽의 식자층에 확산되었다. 하콘센은 스코틀랜드 계몽사상을 이러한 프로테스탄트 자연법 이론(들)의 전파와 변용이라는 맥락에서 읽을 때 전자를 근대의 개인주의적 자유주의나 주관적 권리의 대변인으로 규정해 온 통념을 벗어나 좀 더 정교함과 설득력을 갖춘 해석이 가능하다고 생각했다.

논문집 『자연법과 도덕철학: 그로티우스에서 스코틀랜드 계몽까지』(*Natural Law and Moral Philosophy: from Grotius to the Scottish Enlightenment*, 1996)를 포함해 하콘센의 주요한 기여는 다음과 같이 요약할 수 있다. 첫째, 논문집의 제목에서도 드러나듯, 그는 근대 자연법이 정치사상만이 아닌 도덕철학의 성격 또한 지니고 있다는 사실에 주목했다. 이는 우리가 근대 자연법 및 이로부터 영향을 받은 저작을 읽을 때 이들이 도덕적 심리학, 존재론(미덕과 선은 독립적인 실체인가, 혹은 인간 의지·행위의 구성물인가?), 인식론(인간은 자연법을 어떻게 알 수 있는가?), 신학 등에서 무슨 입장을 채택하는지 또한 염두에 둘 필요가 있음을 의미했다. 둘째, 특히 스코틀랜드 계몽주의자들의 사상을 분석하면서, 하콘센은 이러한 도덕철학적 입장이 정치적 함의와도 이어져 있음을 보여 주고자 했다 ── 예컨대 인간이 자연법을 포함한 도덕적·규범적 지식을 어떻게 인지하고 습득할 수 있는가는 국가와 교회의 정당한 관할권을 설정하는 일과 곧바로 연결된 쟁점이었다. 셋째, 독일어권 자연법의 연구를 보강하면서, 하콘센은 영국과 유럽 대륙을 아우르는 철학사적 시야를 제공할 수 있었다. 그는 후기 스콜라주의자 프란시스코 수아레즈(Francisco Suárez)에서 그로티우스와 푸펜도르프를 거쳐 스코틀랜드 계몽으로, 다시 또 임마누엘 칸트의 저작으로까지 가는 프로테스탄트 근대 자연법사상의 전통을 그려 냈다.

스코틀랜드 계몽 연구의 전개에서도 알 수 있듯, 계몽사상의 연구는 1980~1990년대를 경유하면서 지리적 차원에서든 학술 장르의 차원에서든 더욱 넓은 범위로 확장되었다. 다만 정치사상, 정치경제론, 도덕철학과 계몽을 연결하는 작업은 대체로 세속화의 서사, 즉 구체제를 기독교의 지배와 동일시하고 계몽을 그로부터 벗어나는 과정으로 간주하는 역사관 자체를 거부하지는 않았다는 점에서 고전적 해석을 근본적으로 수정하는 것만은 아니었다. 핵심을 짚자면, 계몽사상의 연구사에서 가장 복잡하고 논쟁적인 부분은 결국 계몽과 종교의 관계를 어떻게 규정하느냐에 달려 있다고 할 수 있다. 여기서는 특히 연구사에 가장 늦게 편입된 개념, 즉 "잉글랜드 계몽"의 연구가 성립하는 과정을 중심으로 이 문제를 살펴보도록 하자.

계몽은 기독교·교회와의 투쟁을 통해 보수적인 비합리성을 극복하려는 이성의 운동이라는 직관적인 구도에는 몇 가지 문제가 있었다. 먼저 종교개혁에서 유럽 전역을 휩쓴 종교전쟁으로 이어지는 16~17세기와 18세기의 관계를 그렇게 쉽게 칼로 잘라 내듯이 구별할 수 있냐는 것이었다. 개혁과 내전을 거치며 유럽의 기독교는 단순히 보수주의라고 부르기에는 너무나 이질적인 집단들이 공존하는 매우 복잡한 대상이 되었다. 이질적인 종파들로 구성된 기독교는 다양한 학술 논쟁이 교차하는 지식 제도·네트워크들의 거대한 집합이었을 뿐만 아니라, 국가의 통치·안정을 정당화하는 담론 못지않게 현재의 통치자를 규탄하고 그에 대한 반란을 선동하는 담론적 무기의 원천이기도 했다. 무엇보다도 기독교 내부에서 생산되고 유포되는 지식은 (오늘날 우리가 계몽의 일부로 규정하는) 많은 지식인·문인에게도 중요한 지적 자원이었다. 스코틀랜드 계몽주의 연구의 선구자이기도 했던 휴 트레버-로퍼(Hugh Trevor-Roper)는 1967년 발표한 논문 「계몽주의의 종교적 기원」(The Religious Origins of the Enlightenment)에서 국제적 칼뱅주의 네트워크의 아르미니우스파·소치니파, 가톨릭 "에라스뮈스주의"(Erasmianism)와 같은 관용적인 기독교 지식인들로부터 종교전쟁 이후 계몽사상의 기원을 찾을 수 있다고 주장한 바 있다.

1980년대 후반부터 영어권 역사학계를 중심으로 17~18세기 교회사 연구가 본격적으로 도약한다. 이는 무신론자·이신론자가 정통 기독교에 맞선다는 식의 단순한 이분법적 도식을 대체하여 상이한 종파 사이의 긴장과 협력이 만들어 내는 복잡한 구도를 복원하는 작업으로 이어졌다. 17세기 후반 이래의 영국 사회는 그러한 구도를 잘 보여 주는 대표적인 사례로 자리매김했다. 초기 근대 종교·교회사 연구의 축적이 계몽주의 연구에 끼친 직접적인 결과물 중 하나는 '초기 계몽'(early Enlightenment) 범주의 등장이다. 이 개념은 주로 17세기 후반에서 18세기 초 성경 비판 및 교회사 서술을 비롯하여 기독교 안팎에서 축적된 지식이 '계몽주의적 문제의식'에서 활용되고 변모하는 양상을 지칭하는 용도로 사용된다. 물론 종교적 관용, 국가·교회·시민사회의 관계와 같은 주제를 초기 계몽으로 규정할 수 있는가는 지금도 논쟁의 여지가 있다. 하지만 이러한 개념에 힘입어 종교-정치적 맥락을 깊이 있게 들여다보는 연구가 풍성해지고, 계몽주의 연구의 외연 또한 크게 넓어진 것은 분명하다.

계몽 연구의 "종교적 전회"(religious turn)는 "잉글랜드 계몽주의"를 하나의 학문적 범주로 성립하려는 일련의 시도와 궤를 같이한다. 기존 계몽주의 해석에서 잉글랜드는 베이컨이나 로크와 같은 몇몇 중요한 인물이나 이신론적 전통 외에는 별다르게 다뤄지지 않았다. 프랑코 벤투리 역시 스코틀랜드나 이탈리아 도시국가들과 달리 잉글랜드에는 딱히 계몽이랄 게 없다고 말한 바 있다. 이후 벤투리에 반론을 제기하여 잉글랜드에도 고유의 계몽주의가 있었음을 주장하는 논의들이 뒤따랐다.

그렇다면 잉글랜드의 계몽이란 도대체 무엇이었는가? 이 물음에 대한 답변으로는 크게 네 가지 입장을 식별할 수 있다. 첫째, 로이 포터(Roy Porter)의 『근대 세계의 창조』(*Enlightenment: Britain and the creation of the modern world*, 2000)와 같이, 18세기 잉글랜드에서 세속화로서의 계몽주의가 전개되었다는 주장이다. 둘째, 전자와 같이 세속화를 자명하게 받아들이는 태도를 거부하면서, 대신 17세기 후반에서 18세기 초반에 성행했던 (비주류 혹은 일부 휘그파의) 급진적 "자유사상"(Freethought), 즉 국교회 체제 및 사제계급 비판론으로부터 계몽의 조류를 찾아내려는 입장이다. 셋째, 국교회 성직자 및 이들과 우호적인 관계를 유지하던 평신도 지식인에게 초점을 맞추어, 잉글랜드 계몽의 중핵은 다양한 종파의 공존을 인정하는 온건하고 보수적인 개혁론에 있다는 주장이다. 넷째, 애초에 18세기 잉글랜드에서 세속화 과정으로서의 계몽은 유의미하게 나타나지 않았다는 해석이다.

이러한 해석의 스펙트럼 한쪽 끝에는 세속화를 자명하게 받아들이는 시각이, 다른 쪽 끝에는 세속화 자체를 부인하는 견해가 자리한다. 18세기 잉글랜드는 유럽에서 가장 발전한 사회 중 하나이면서도, 정치·제도와 지식·담론 모두에서 기독교의 영향력이 강하게 지속하는 곳이기도 했다. 탈기독교와 근대적 발전을 암묵적으로 동일시하는 세속화 테제를 손쉽게 적용할 수 없는 잉글랜드의 상황을 고려하면, 잉글랜드 계몽을 규정하기 위해 더욱 복잡하고 정교한 논의가 등장한 것은 그리 놀라운 일은 아니다. 여기에서는 그중 가장 대표적인 사례라 할 수 있는 포칵의 계몽론을 짚어 본다(한국에서는 주로 공화주의 사상사 연구자로 소개되지만, 사실 포칵이 가장 많은 공을 들였고 또 기여한 분야는 계몽 연구라고 할 수 있다).

포칵은 1985년 출간한 논문 「성직자와 상업: 잉글랜드의 보수적 계몽」(Clergy and Commerce: the Conservative Enlightenment in England)에서 잉글랜드 계몽을 다음과 같이 규정했다. 이는 왕정복고 이후 다시는 종교전쟁을 반복하지 않겠다고 결심한 국교회 성직자와 귀족 등의 지배층이 주도한 "위로부터의 계몽"(enlightenment from above)이며, 그 핵심은 어떠한 형태의 종교적 열광에도 동조하지 않고 이질적인 견해를 지닌 사람들의 평화로운 공존을 추구하는 회의주의적인 면모에 있다. 계몽 연구에서 '역사서술의 역사'(history of historiography) 분야를 새로이 개척했다고 말할 수 있는 대작『야만과 종교』(*Barbarism and Religion*, 전 6권, 1999~2015) 연작, 그중 1권(1999)에서 포칵은 이러한 주장을 다음과 같이 발전시켰다. 첫째, 근대 초 유럽에는 국가와 종파에 따라 복수의 계몽(Enlightenments)이 존재했으며, 잉글랜드의 경우 잉글랜드국교회 안팎의 종파적 정체성과 결부된 잉글랜드 계몽이 독립적인 범주로 존재했다. 둘째, 에드워드 기번(Edward Gibbon)과 달랑베르의 학문론 논쟁을 검토해 보면, 프랑스 계몽의 철학적이고 이성 중심적인 태도와 구별되는 잉글랜드 계몽의 역사적이고 회의주의적인 면모가 드러난다.

종교와 교회의 역할을 부정하지 않으면서도 그것을 상대화하는 '부드러운 세속화'로서 잉글랜드 계몽주의를 설명하는 포칵의 입장은 교회사 서술의 역사를 살펴보는『야만과 종교』5권(2010)에서 한층 미묘해진다. 주지하다시피 기번은『로마제국쇠망사』1권 15장, 16장의 서술로 말미암아 '불신앙자'(infidel)라는 비난을 받았으며 이는 이후의 기번 해석에서도 유지되어왔다. 학술사적 접근법을 활용하여 기독교 교회의 역사가 서술되어 온 과정을 검토하면서, 포칵은 통념과 달리 기번을 기독교와 계시 자체를 부인하는 무신론자라고 보기는 어렵다고 주장한다. 기번은 초기 기독교사를 정통적인 교회사 혹은 성사(聖史, sacred history)의 방식을 따르지 않고 세속 세계의 역사를 다루듯이 서술하고자 했을 뿐이었다. 포칵이 보기에는 이처럼 열광론자도 무신론자도 아닌 온건한 회의주의자의 입장에서 종교와 교회를 세속적 시민사회의 일부분으로 규정하고 상대화하는 시선이 기번이 대표하는 잉글랜드 계몽주의의 중요한 특성이었다.

앞서 살펴보았듯 잉글랜드 계몽주의 해석의 양쪽 스펙트럼에는 각각 계몽을 기독교 세계의 세속화와 동일시하는 고전적 입장과 근대 초기의 '구체제적' 성격을 강조하며 세속화 테제를 비판하는 태도가 자리한다. 포칵의 전략은 양자의 가운데로 침투, '기독교를 부인하지 않으면서도 종교를 상대화하는' 입장을 발굴하고 이것이 프랑스, 독일, 스코틀랜드와 구별되는 잉글랜드 계몽주의의 독특한 면모를 보여 준다고 주장하는 것이었다. 문헌비판적 도구를 활용하여 교회와 종교를 역사화하는 기번의『쇠망사』는 그러한 가운뎃길의 존재를 입증하는 과업에서 매우 중요한 사례였다. 포칵은 기번의 역사비판적인 독해 방식이 18세기 초 전후 제네바와 암스테르담, 런던에서 활동한 문인 장 르클레르크(Jean Le Clerc)의 작업에서부터 기원한다고 보았다. 르클레르크는 복음서를 '맥락주의적'으로 읽어 내면서 기독교 교리의 역사를 과거인들의 사상사로 읽어 내고자 했다. 이러한 '지성사적' 접근법은 18세기 잉글랜드 성직자들의 교회사 서술로 이어졌고, 기번의 작업은 그러한 성과가 축적된 산물이었다. 한편으로 종교를 (비판과 거부의 대상이라기보다는) 역사적 이해의 대상으로 간주하는 시선의 등장을 강조하면서도, 동시에 그것 또한 기독교 학술 전통의 일부 혹은 그 파생물임을 지적하는 접근은 더는 종교와 계몽의 관계를 단순한 대립으로 규정할 수 없게 한다.

지금까지 언급한 변화가 진행되는 동안, 특히 철학(사)에 관심을 가진 독자들을 고려하여, 고전적 계몽 해석의 핵심이었던 18세기 유럽철학사의 이해가 그동안 어떻게 바뀌었는지를 간략하게 언급하자.『케임브리지 18세기 철학사』(*The Cambridge History of Eighteenth-*

Century Philosophy, 2006)의 편집인을 맡은 크누드 하콘센은 서론 격의 논문 「18세기 철학사: 역사인가, 철학인가?」(The History of Eighteenth-Century Philosophy: History or Philosophy?)에서 "18세기 철학을 계몽의 수단으로 규정하려는 시도는 그것이 대중적으로 널리 퍼져 있는 만큼이나 부적절하다"(The attempt to identify the philosophy of the eighteenth century by means of the Enlightenment is as inadequate as it is popular)고 잘라 말한다. 한편으로 "계몽"의 개념이 지칭하는 범위가 더는 철학만으로 아우를 수 없을 만큼 넓어졌으며, 다른 한편으로 초기 근대 철학에 대한 학계의 이해 역시 엄청난 변화를 겪었기 때문이다. 특히 하콘센은 17~18세기 철학을 회의주의에 대항하여 (주로 유럽 대륙의 문화와 동일시되는) 합리론과 (주로 영국적 풍토의 산물로 간주된) 경험론이 경쟁하는 구도로 간주하는 통념을 비판한다. 19세기 초 토머스 리드 및 칸트의 추종자들이 확산시킨 이러한 인식론 중심의 철학사관은 도덕, 정치, 법학, 예술과 같이 당대의 철학자들이 실제로 진지하게 논의했던 여러 핵심 영역을 거의 포괄하지 못한다.

　유감스럽게도 한국의 관련 학계와 강의실, 대중서에는 여전히 철학사의 새로운 경향이 거의 반영되지 않고 있지만, 하콘센의 주장은 적어도 영어권 철학사 연구에서는 더는 소수의 목소리로 치부하기 어렵다. 1990년대 중후반에 스티븐 다월(Stephen Darwall)의 『영국 도덕가들과 내적 '의무': 1640~1740』(*The British Moralists and the Internal 'Ought': 1640~1740*, 1995), 하콘센 본인의 『자연법과 도덕철학』, 얼마 전 타계한 J. B. 슈니윈드(J. B. Schneewind)의 대작 『자율의 발명: 근대 도덕철학의 역사』(*The Invention of Autonomy: A History of*

Modern Moral Philosophy, 1998)와 같은 굵직한 연구서들이 나오면서, 지성사 연구를 활용하여 초기 근대 도덕·정치철학 논쟁에 주목하는 작업은 점차 드물지 않게 되었다. 이는 특히 18세기 철학사 연구에서 종교와 철학의 연관성이 부각되고, 도덕·정치철학 및 미학이 차지하는 비중이 높아지는 결과로 이어졌다. 예컨대 2000년대 중반부터 출간된 굵직한 개설논문 모음집을 몇 권 뽑아 목차를 훑어보라. 『케임브리지 18세기 철학사』, 『옥스포드 18세기 영국철학사 핸드북』(*The Oxford Handbook of British Philosophy in the Eighteenth Century*, 2013), 『라우틀리지 18세기 철학 지침서』(*The Routledge Companion to Eighteenth Century Philosophy*, 2014) 모두 도덕·정치철학 및 미학 관련 논의가 최소한 절반 가까운 분량을 차지함을 알 수 있다. 지성사 연구의 성장은 계몽을 철학적 이성으로부터 해방시켰을 뿐만 아니라, 반대로 철학을 (인식론 중심의) 계몽 서사의 속박으로부터 해방시키고 있다.

지금까지 학계의 일반적인 흐름을 짚었다면, 마지막으로 지성사와 철학사, 그리고 계몽이 교차하는 지점에서 가장 도발적인, 또 방법론적으로 가장 첨단에 있는 논의를 소개하는 것으로 해제를 마무리하자. 그것은 드미트리 레비틴(Dmitri Levitin)이 내놓은 두 권의 책, 『새로운 과학의 시대에 고대의 지혜: 1640년에서 1700년까지 잉글랜드의 철학사들』(*Ancient Wisdom in the Age of the New Science: Histories of Philosophy in England, c.1640~1700*, 2015)과 『어둠의 왕국: 피에르 벨, 뉴턴, 그리고 철학으로부터 유럽 정신의 해방』(*The Kingdom of Darkness: Bayle, Newton, and the Emancipation of the European Mind from Philosophy*, 2022)이다. 케임브리지학파의 언어맥락주의는 물론, (아르날도 모밀리아노[Arnaldo Momigliano] 이래의) 학술사 및 (포콕의)

'역사서술의 역사'에 이르는 지성사 방법론의 첨단을 모두 활용하는 레비틴의 큰 주장은 다음과 같이 요약할 수 있다. 17~18세기를 데카르트주의와 같은 새로운 철학의 대두로 이해하는 통념과 달리, 당대 유럽의 (대중지식인과 구별되는) 전문적인 학자들은 이러한 '사변적인' 접근법에 매우 비판적이었다. 그들은 엄밀한 문헌비판에 입각한 경험적 접근법이야말로 유의미한 학문의 길이라고 생각했고, 따라서 사변철학에 대항하여 '역사적' 학문을 옹호했다. 단순히 당대의 지적 경향을 지적하는 것을 넘어 레비틴은 이러한 흐름이 (포칵 등이 주장한 것처럼) 계몽사상의 산물이라기보다는 오히려 르네상스 인문주의의 연장선에 있다고 주장하며, 계몽 범주 자체의 유효성까지도 문제삼는다. 저술의 밀도와 방대한 분량을 고려하면 ─『고대의 지혜』는 540여 쪽,『어둠의 왕국』은 850여 쪽에 육박한다 ─ 그의 주장이 학계에서 단번에 영향력을 획득하기는 쉽지 않겠지만, 계몽사상 지성사 연구의 최전선과 마주하려는 연구자라면 그의 저작을 회피할 수는 없을 것이다.

계몽사상은 지난 반세기 동안의 지성사 학계에서 가장 혁신적이고 생산적인 면모를 보여 준 연구주제 중 하나라고 할 수 있으며, 지금도 여전히 많은 물음이 현재진행형으로 남아 있다(예컨대 계몽과 프랑스혁명의 관계는 어떻게 설명할 것인가?). 본 해제가 한국의 독자들에게 그러한 연구사의 풍요로움을 전달하는 데 작게나마 기여할 수 있기를 희망한다.

옮긴이 후기

이 책의 원제는 『계몽의 시대』(*Das Zeitalter der Aufklärung*)이다. 초판은 1997년에 나왔으며, 2014년의 개정 5판을 번역의 저본으로 삼았다. 이 책은 본래 독일의 체하벡(C.H.Beck) 출판사의 교양 지식 문고 총서 '비센'(Wissen) 시리즈의 한 권으로서 18세기 계몽의 문화와 사상을 개관하는 입문서이다. 이 책은 18세기 독일 계몽 분야의 권위 있는 학자 베르너 슈나이더스(Werner Schneiders, 1932~2021)가 저술했다는 점에서 사실관계 면에서 대체로 신뢰할 만하며, 계몽의 주 무대인 영국, 프랑스, 독일에서의 계몽의 다양한 맥락과 고유한 특징들을 전체적으로 조망할 수 있게 해 준다는 점에서 장점이 분명하다. 나아가 자주 간과된 유럽의 다른 나라들과 미 대륙의 계몽도 소개하고 있으며, 계몽의 근본문제와 현재성에 대해 철학적으로 생각해 볼 만한 화두도 던지고 있다.

'계몽'은 17세기 중반 영국과 프랑스 등지에서 태동하여 18세기 후반에는 독일과 미 대륙에서도 만개한 비판적 태도와 합리적 인식, 그리고 실질적 해방과 자유를 향한 일련의 새로운 문화 운동이자 사상적 변혁의 흐름에 대한 총칭이다. 계몽은 서로 이질적인 시공간적 맥락에서 따로 또 같이 나타나기도 했지만, 뜻을 같이하는 사상가, 지식인, 법률가, 관료, 사업가, 정치인, 예술가 등이 서로 영향을 주고받는 가운데 문화적 진보를 견인하기도 했다. 계몽과 연관된 당대의 성취들은 실험과학과 기술의 발전, 생산력 증대와 산업 발전, 지적 문화와 예술의 혁신, 종교개혁과 정치혁명 등 다양한 주제영역을 포함한다. 또한 계몽의 운동과 사상의 범위는 상당히 폭넓다. 이 시기는 궁정, 살롱, 클럽 등의 사교문화, 정기간행물 발간, 애국회나 비밀결사의 성립 등 특정 도시나 지리적 한계 내에서의 회합과 소통의 기회들이 다양하게 나타나기도 했지만, 유럽과 미 대륙에서 두드러진 계몽 문화와 사상은 민족적 영토 및 종교적 권역의 공간적 제약을 넘어 큰 반향을 일으켰다. 계몽의 자유사상가들은 국경을 넘어 합리적 근거에 따라 보편적으로 설득력있는 주장을 펼쳤고, 무엇보다 공중의 검토를 기꺼이 수용하는 민주적 공론장을 가꾸어 나갔다. 계몽의 다양하고 다변적인 복잡성을 보존하기 위해 이 책은 기본적으로 영토별 및 주제별로 나누어 각 권역에서의 계몽의 면면을 고찰하면서도 내용의 서술에서는 가급적 사변을 줄이고, 주요 인물과 사건, 그리고 주요 작가와 작품들을 중심으로 계몽의 다양한 면면을 일별할 수 있도록 안내하고 있다.

18세기 유럽의 계몽의 문화와 사상은 근현대 사회의 성립과 발전에서 굉장히 중요한 요소임에도 불구하고, 20세기 후반 이래 유행한 포스트 담론의 근대성 비판과 더불어, 그동안 계몽은 미래지향적 관점에서 극복하고 단절해야 할 것처럼 여겨졌다. 이른바 근대화의 후발주자인 한국에서 계몽은 제대로 소화되기도 전에 포스트 담론의 지적 유행을 따라 비판과 극복의 대상으로 치부된 면이 있다. 물론 계몽에 대한 비판은 당연히 필요하지만, 계몽과 비판이 호환 가능한 개념인 한, 비판의 도구를 제공하는 것 역시 계몽의 정신이다. 정확한 비판적 사유를 위해서도 계몽 연구는 여전히 유효하며, 일찍이 하버마스가 말했듯, 계몽과 근대성은 여전히 '미완의 기획'일 수 있다. 심지어 오늘날 우리는 전 지구적 수준에서 극우민족주의의 정치적 부상, 전제정치의 부활 조짐, 종교적 광신, 인종주의의 복귀, 성차별주의자들의 백래시 등을 목격하며 (오르테가 이 가세트가 일찍이『대중의 반역』에서 예견한) 대중추수주의와 반지성주의가 일상화되어가는 현실을 살고 있다. 또한 인공지능의 부상과 탈진실(post-truth) 현상이라는 시대 진단이 예고하듯, '역계몽'(逆啓蒙)을 초래하는 새로운 위협들이 출몰하고 있다. 이러한 상황에서 계몽은 과거보다 훨씬 더 실현하기 어려운 과제일 수 있다. 이처럼 시간이 거꾸로 흐르는 것처럼 보이는 일련의 반동복고적인 사회적 현실과 정치적 분위기, 그리고 기술의 비약적 발전과 매체환경의 지각변동은 오늘날 다시 계몽의 의미와 필요성을 일깨우며, 우리에게 계몽을 통한 지성의 명료화와 '스스로 생각하기'(Selbstdenken)의 연습을 다시 요구한다.

원제 대신 "계몽은 계속된다"가 국역본의 제목이 된 데에는 동명의 저서가 이미 나와 있는 탓도 있지만, 이 책을 펼쳐 볼 독자들이 바로 이러한 맥락에서 처음부터 계몽의 현재성에 대해 숙고해 보기를 바라는 마음도 한몫했다. 계몽은 지금으로부터 약 300여 년의 시차를 지닌 18세기의 새로운 지적 및 문화적 운동에서 출발했지만 계몽의 본령은 무엇보다 현재성에 있다. 「계몽이란 무엇인가에 대한 답변」에서 칸트는 "우리는 '계몽된 시대'에 살고 있는가?" 묻고는 스스로 답하기를, "우리는 계몽의 시대에 살고 있다"고 했다. 계몽이 우리에게 합리적 인식을 통해 진리의 명료화에 이르게 하고 타인의 지도로부터 우리 자신을 해방할 수 있도록 지성을 스스로 사용할 용기를 발휘하는 데 있다고 할 때, 그 핵심은 한마디로 항상 깨어서 생각하고 있음, 현재 진행형으로 계속되는 사유의 수행성에 있다. 계몽은 인식, 비판, 사유를 타자적 근거에 맹목적으로 의탁하기보다 의문시하고 근거를 밝히는 식으로 스스로 생각하는 활동을 중요시한다. 나아가 계몽사상은 우리 삶에서 일회적으로 완결되는 것이 아니라 계속 비판적 사유와 함께 수행되는 가운데 자신의 본래적 의미를 보존할 수 있다. 그런 의미에서 계몽은 끝없는 과정이며, 계속되어야 할 것이다.

이 작은 번역서가 세상에 나오기까지 도움 주신 분들이 많다. 먼저, 숭실대학교 철학과 박준상 선생님께 감사드린다. 문헌연구를 하더라도 훈고학에 그치지 말고 늘 현재성의 관점을 유지하라는 선생님의 당부, 실천하기는 어렵지만 늘 마음에 새기고 있다. 또한 번역 초고를 꼼꼼히 검토해 주신 데다가 갑작스럽게 부탁드린 '해제' 글까지 수락해 주신 이우창 선생님께 감사드린다. 슈나이더스의 이 책은 한 세대 전에 초판이 나왔기 때문에, 두 가지 면이 보완될 필요가 있었다. 첫째는 20세기 중후반에 활약한 독일 계몽 연구자인 저자의 해석이 가진 편향 혹은 선입견을 교정하는 것, 둘째는 오늘날 계몽 연구의 현황과 흐름을 소개하는 것이다. 평소 BeGray 블로그를 통해 계몽과 지성사 연구의 시야를 확장하는 데 큰 도움을 받아 왔는데, 선생님의 해제를 수록하여 책의 완성도를 높일 수 있어 만족스럽다. 본서의 제4장 '독일: 형이상학과 개혁' 부분은 전남대학교 철학과 대학원

생 한준엽, 김남수, 김윤수 선생님과 독일어 번역 강독을 통해 1차 번역을 했다. 세 분께도 고마움을 전한다. 계몽 연구의 취지를 인정하고 이 작업을 그린비 출판사의 명망 있는 '철학의 정원' 총서로 흔쾌히 수용해 주신 유재건 사장님과 옮긴이의 거듭되는 요구를 늘 신속히 반영하고 많이 배려해 주신 구세주 편집자님께도 감사드린다. 마지막으로, 좋을 때나 나쁠 때나 늘 곁을 지키며 연구자의 길을 동행하는 하백마을의 현인 추주희 박사에게 사랑의 인사를 전한다.

광주 매곡동 하백마을에서

2023년 12월

오창환

참고문헌

참고문헌 I.[1]

Alt, Peter-André, *Aufklärung*, Stuttgart, Weimar, 1996.

Bäumler, Alfred, *Das Irrationalitätsproblem in der Ästhetik und Logik des 18. Jh. bis zur Kritik der Urteilskraft*, Darmstadt, 1967.

Baruzzi, Arno ed., *Aufklärung und Materialismus im Frankreich des 18. Jahrhunderts*, München, 1968.

Beck, Lewis White, *Early German Philosophy. Kant and his Predecessors*, Cambridge, Mass, 1969.

Becker, Karin Elisabeth, *Licht – [L]lumière[s] – Siècle des Lumières. Von der Lichtmetapher zum Epochenbegriff der Aufklärung in Frankreich*, Inaug. Diss. Köln, 1994.

Cassirer, Ernst, *Die Philosophie der Aufklärung*, Tübingen, 1932〔카시러, 에른스트, 『계몽주의 철학』, 박완규 옮김, 민음사, 1995〕.

---

[1] 아래의 참고문헌들은 계몽의 시대에 대해 일차적으로 심화 연구의 가능성을 열어 주기 위해 선별되었다. 따라서 계몽에 대해 일반적이거나 특히 중요한 측면을 다루는 책들만을 포함하며, 개별 인물에 대한 단행본이나 전집 또는 선집, 논문류 등은 포함하지 않는다. 더 자세히 알고 싶다면 여기에 언급된 대부분의 책이 제공하는 해당 주제에 대한 상세 문헌 목록을 일람하기를 권한다.

Dieckmann, Herbert, *Diderot und die Aufklärung. Aufsätze zur europäischen Literatur des 18. Jahrhunderts*, Stuttgart, 1972.

_____, *Studien zur europäischen Aufklärung*, München, 1974.

Fabian, Bernhard/Schmidt-Biggemann, Wilhelm eds., *Das achtzehnte Jahrhundert als Epoche*, Nendeln, 1978.

Fontius, Martin/Schneiders, Werner, *Die Philosophie und die Belles-Lettres*, Berlin, 1996.

Förster, Wolfgang ed., *Aufklärung in Berlin*, Berlin, 1989.

Gay, Peter, *Enlightenment: An Interpretation – The Rise of Modern Paganism*, London, 1967 〔게이, 피터, 『계몽주의의 기원』, 주명철 옮김, 민음사, 1998〕.

_____, *Enlightenment: An Interpretation — The Science of Freedom*, London, 1970.

Geyer, Paul ed., *Das 18. Jahrhundert. Aufklärung*, Regensburg, 1995.

Grimm, Jürgen ed., *Französische Literaturgeschichte*, Stuttgart, 1989.

Grimminger, Rolf ed., *Hansers Sozialgeschichte der deutschen Literatur vom 16. Jh. bis zur Gegenwart. Bd. 3. Deutsche Aufklärung bis zur Französischen Revolution 1680–1789*, München, Wien, 1980.

Hazard, Paul, *Die Krise des europäischen Geistes 1680–1715*, Hamburg, 1939 〔아자르, 폴, 『유럽의식의 위기』(전 2권), 조한경 옮김, 민음사, 1990/1992〕.

_____, *Die Herrschaft der Vernunft. Das europäische Denken im 18. Jh.*, Hamburg, 1949 〔아자르, 폴, 『18세기 유럽의 사상: 몽테스키외에서 레싱까지』, 이용철 옮김, 에피스테메, 2017〕.

Herrmann, Ulrich, *Aufklärung und Erziehung: Studien zur Funktion der Erziehung im Konstitutionsprozeß der bürgerlichen Gesellschaft im 18. und frühen 19. Jahrhundert in Deutschland*, Weinheim, 1993.

Im Hof, Ulrich, *Das Europa der Aufklärung*, 1993; 2. Aufl. München, 1995.

Jüttner, Siegfried/Schlobach, Jochen eds., *Europäische Aufklärung(en). Einheit und nationale Vielfalt*, Hamburg, 1992.

Knabe, Peter-Eckhard ed., *Schlüsselbegriffe des kunsttheoretischen Denkens in Frankreich von der Spätklassik bis zum Ende der Aufklärung*, Düsseldorf, 1972.

_____ ed., *Frankreich im Zeitalter der Aufklärung. Eine Kölner Ringvorlesung*, Köln, 1985.

Kondylis, Panajotis, *Die Aufklärung im Rahmen des neuzeitlichen Rationalismus*, Stuttgart, 1981.

Krauss, Werner, *Perspektiven und Probleme. Zur französischen und deutschen Aufklärung und andere Aufsätze*, Neuwied, Berlin, 1965.

Martens, Wolfgang, *Die Botschaft der Tugend. Die Aufklärung im Spiegel der deutschen moralischen Wochenschriften*, Stuttgart, 1968.

Merker, Nicolao, *Die Aufklärung in Deutschland*, München, 1982.

Möller, Horst, *Vernunft und Kritik. Deutsche Aufklärung im 17. und 18. Jahrhundert*, Frankfurt am Main, 1986.

Mondot, Jean/Valentin, Jean-Marie/Voss, Jürgen eds., *Deutsche in Frankreich, Franzosen in Deutschland 1715–1789. Allemands en France, Français en Allemagne 1715–1789*, Sigmaringen, 1992.

Mortier, Roland, *Clartés et Ombres du Siècle des Lumières. Etudes sur le XVIIIesiècle littéraire*, Genf, 1969.

Pütz, Peter, *Die deutsche Aufklärung*, Darmstadt, 1978.

Raabe, Paul/Schmidt-Biggemann, Wilhelm eds., *Aufklärung in Deutschland*, Bonn, 1979.

Röd, Wolfgang, *Die Philosophie der Neuzeit 2, Von Newton bis Rousseau* in Röd, Wolfgang ed., *Geschichte der Philosophie*, Bd. 8, München, 1984.

Sauder, Gerhard/Schlobach, Jochen eds., *Aufklärungen. Frankreich und Deutschland im 18. Jahrhundert*, Bd. I, Heidelberg, 1985.

Schalk, Fritz, *Studien zur französischen Aufklärung*, 1964; 2. erw. Aufl. Frankfurt am Main, 1977.

Schneiders, Werner, *Die wahre Aufklärung. Zum Selbstverständnis der deutschen Aufklärung*, Freiburg, München, 1974.

_____ , *Aufklärung und Vorurteilskritik. Studien zur Geschichte der Vorurteilstheorie*, in Hinske, Norbert ed., *Forschungen und Materialien zur deutschen Aufklärung*, Abtl. II, Bd. 2, Stuttgart, Bad Cannstatt, 1983.

_____ , *Hoffnung auf Vernunft. Aufklärungsphilosophie in Deutschland*, Hamburg, 1990.

_____ ed., *Aufklärung als Mission, La mission des Lumières. Akzeptanzprobleme und Kommunikationsdefizite, Accueil réciproque et difficultés de communication*, Marburg, 1993.

_____ ed., *Lexikon der Aufklärung*, München, 1995.

Schrader, Wolfgang H., *Ethik und Anthropologie in der englischen Aufklärung. Der Wandel* der moral-sense-Theorie von Shaftesbury bis Hume, Hamburg, 1984.

Schröder, Winfried u.a., *Französische Aufklärung. Bürgerliche Emanzipation, Literatur und Bewußtseinsbildung*, Leipzig, 1979.

Standop, Ewald/Mertner, Edgar eds., *Englische Literaturgeschichte*, 1967; 3. erw. Aufl., Heidelberg, 1976.

Vierhaus, Rudolf ed., *Wissenschaften im Zeitalter der Aufklärung*, Göttingen, 1985.

_____, *Deutschland im 18. Jahrhundert. Politische Verfassung, soziales Gefüge, geistige Bewegungen*, Göttingen, 1987.

_____, *Was war Aufklärung?*, Göttingen, 1995.

Voss, Jürgen, *Deutsch-französische Beziehungen im Spannungsfeld von Absolutismus, Aufklärung und Revolution*, Bonn, Berlin, 1992.

Wundt, Max, *Die deutsche Schulphilosophie im Zeitalter der Aufklärung*, Tübingen, 1945.

참고문헌 II.[2]

1. 본문에서 언급되거나 암시된 계몽 시대의 저작

골드스미스, 올리버, 『웨이크필드의 목사』, 김용태 옮김, 크리스천다이제스트, 2000.

괴테, 요한 볼프강 폰, 『무쇠 손 괴츠 폰 베를리힝겐』, 윤도중 옮김, 지만지, 2023.

_____, 『젊은 베르터의 고뇌』, 임홍배 옮김, 창비, 2012.

데카르트, 르네, 『방법서설』, 이현복 옮김, 문예출판사, 2022.

_____, 『제일철학에 관한 성찰』, 이현복 옮김, 문예출판사, 2021.

디드로, 드니, 『달랑베르의 꿈』, 김계영 옮김, 한길사, 2006.

_____, 『듣고 말하는 사람들을 위한 농아에 대한 편지』, 이충훈 옮김, 워크룸프레스, 2015.

---

2 [옮긴이] 해당 문헌 목록은 옮긴이가 추가한 것으로, 한국어로 출간된 17~18세기 계몽 시대의 저작들 및 계몽과 직간접적으로 연관된 더 읽어 볼 만한 한국어 논문 및 저서를 포함한다.

_____, 『라모의 조카』, 황현산 옮김, 고려대학교출판부, 2006.

_____, 『맹인에 관한 서한』, 이은주 옮김, 지만지, 2016.

_____, 『백과사전』, 이충훈 옮김, 도서출판b, 2014.

_____, 『수녀』, 이봉지 옮김, 지만지, 2013.

_____, 『운명론자 자크와 그의 주인』, 김희영 옮김, 민음사, 2013.

_____, 『입 싼 보석들』, 정상현 옮김, 고려대학교출판부, 2007.

_____, 『자연의 해석에 대한 단상들』, 이충훈 옮김, 도서출판b, 2020.

디포, 다니엘, 『로빈슨 크루소』, 윤혜준 옮김, 을유문화사, 2008.

_____, 『전염병 일지』, 서정은 옮김, 열린책들, 2023.

라 메트리, 쥘리앙 오프레 드, 『인간기계론·인간식물론』, 이충훈 옮김, 도서출판b, 2023.

라이프니츠, 고트프리트 빌헬름, 『모나드론 외』, 배선복 옮김, 책세상, 2007.

_____, 『변신론』, 이근세 옮김, 아카넷, 2014.

라클로, 쇼데를로 드, 『위험한 관계』, 윤진 옮김, 문학과지성사, 2007.

레싱, 고트홀트 에프라임, 『미스 사라 샘슨』, 주경식 옮김, 지만지, 2019.

_____, 『민나 폰 바른헬름』, 이순예 옮김, 디자인21, 2022.

_____, 『에밀리아 갈로티』, 윤도중 옮김, 지만지, 2019.

_____, 『함부르크 연극론』, 윤도중 옮김, 지만지, 2019.

_____, 『현자 나탄』, 윤도중 옮김, 지만지, 2019.

로베스피에르, 막시밀리앙, 『로베스피에르: 덕치와 공포정치』, 슬라예보 지젝 엮음, 배기현 옮김, 프레시안북, 2009.

로크, 존, 『관용에 관한 편지』, 공진성 옮김, 책세상, 2008.

_____, 『교육론』, 박혜원 옮김, 비봉출판사, 2011.

_____, 『성서를 통해 본 기독교의 이치』, 이태하 옮김, 아카넷, 2020.

_____, 『인간지성론』(전 2권), 정병훈·이재영·양선숙 옮김, 한길사, 2014.

_____, 『통치에 관한 두 번째 논고: 시민-정부의 참된 기원과 범위, 목적에 관한 시론』, 문지영·강철웅 옮김, 후마니타스, 2023.

루소, 장 자크, 『고백록』(전 2권), 이용철 옮김, 나남, 2012.

_____, 『사회계약론』, 김영욱 옮김, 후마니타스, 2018.

_____, 『신엘로이즈』(전 2권), 김중현 옮김, 책세상, 2012.

_____, 『에밀』(전 2권), 이용철·문경자 옮김, 세창출판사, 2021.

_____, 『인간 불평등 기원론』, 이충훈 옮김, 도서출판b, 2020.

_____, 『학문과 예술에 대하여 외』, 김중현 옮김, 한길사, 2007.

르사주, 알랭-르네, 『질 블라스 이야기』(전 3권), 이효숙 옮김, 나남, 2021.

리드, 토머스 『인간 마음에 관한 탐구』, 양선숙 옮김, 한길사, 2014.

리처드슨, 새뮤얼, 『파멜라』(전 2권), 장은명 옮김, 문학과지성사, 2008.

맨더빌, 버나드, 『꿀벌의 우화: 개인의 악덕, 사회의 이익』, 최윤재 옮김, 문예출판사, 2010.

몽테스키외, 샤를 드, 『로마인의 흥망성쇠 원인론』, 박광순 옮김, 범우사, 2007.

_____, 『법의 정신』(전 3권), 진인혜 옮김, 나남, 2023.

_____, 『어느 페르시아인의 편지』, 이자호 옮김, 문학과지성사, 2022.

바움가르텐, 알렉산더 고틀리프, 『미학』, 김동훈 옮김, 마티, 2019.

버크, 에드먼드, 『숭고와 아름다움의 관념의 기원에 대한 철학적 탐구』, 김동훈 옮김, 마티, 2019.

_____, 『프랑스혁명에 관한 성찰』, 이태숙 옮김, 한길사, 2017.

버클리, 조지, 『인간 지식의 원리론』, 문성화 옮김, 계명대학교출판부, 2010.

베이컨, 프랜시스 『신기관』, 진석용 옮김, 한길사, 2016.

_____, 『학문의 진보』, 이종흡 옮김, 아카넷, 2002.

베카리아, 체사레, 『체사레 백카리아의 범죄와 형벌』, 한인섭 옮김, 박영사, 2010.

벤담, 제러미, 『도덕과 입법의 원칙에 대한 서론』, 강준호 옮김, 아카넷, 2013.

보마르셰, 『세비야의 이발사』, 이선화 옮김, 도서출판b, 2020.

_____, 『피가로의 결혼』, 이선화 옮김, 도서출판b, 2020.

볼테르, 『관용론』, 송기형·임미경 옮김, 한길사, 2016.

_____, 『불온한 철학사전』, 사이에 옮김, 민음사, 2015.

_____, 『오이디푸스』, 전종호 옮김, 지만지, 2020.

_____, 『철학 편지』, 이병애 옮김, 동문선, 2014.

_____, 『캉디드 혹은 낙관주의』, 이봉지 옮김, 열린책들, 2009.

볼프, 크리스티안, 『중국인의 실천철학에 대한 연설』, 이동희 옮김, 도서출판 길, 2018.

비코, 잠바티스타, 『새로운 학문』, 조한욱 옮김, 아카넷, 2019.

사드, D. A. F. 드, 『규방철학』, 이충훈 옮김, 도서출판b, 2018.

_____, 『사드 전집 1: 사제와 죽어가는 자의 대화』, 성귀수 옮김, 워크룸프레스, 2014.

_____, 『사드 전집 2: 소돔 120일 혹은 방탕주의 학교』, 성귀수 옮김, 워크룸프레스, 2018.

생피에르, 베르나르댕 드, 『폴과 비르지니』, 김현준 옮김, 휴머니스트, 2022.

쉴러, 프리드리히 폰, 『도적떼』, 김인순 옮김, 열린책들, 2009.

슈페너, 필립 야콥, 『경건한 열망』, 이성덕 옮김, 선한청지기, 2021.

시에예스, E. J., 『제3신분이란 무엇인가』, 박인수 옮김, 책세상, 2021.

스미스, 애덤, 『국부론』(전 2권), 김수행 옮김, 비봉출판사, 2007.

_____, 『도덕감정론』, 김광수 옮김, 한길사, 2016.

_____, 『애덤 스미스의 법학 강의』(전 2권), 서진수 옮김, 자유기업센터, 2002.

스베덴보리, 임마누엘, 『스베덴보리의 위대한 선물』, 스베덴보리 연구회 편역, 다산초당, 2009.

스위프트, 조너선, 『걸리버 여행기』, 신현철 옮김, 문학수첩, 1992.

스턴, 로렌스, 『신사 트리스트럼 섄디의 인생과 생각 이야기』, 김정희 옮김, 을유문화사, 2012.

스피노자, 베네딕투스 데, 『신학정치론·정치학논고』, 최형익 옮김, 비르투, 2011.

아도르노, 테오도르 W.·호르크하이머, M., 『계몽의 변증법』, 김유동 옮김, 문학과지성사, 2001.

아베 프레보, 『마농 레스코』, 진형준 옮김, 책세상, 2017.

예카테리나 2세, 『예카테리나 서한집』, 김민철·이승은 옮김, 읻다, 2022.

월폴, 호레이스, 『오트란토 성』, 하태환 옮김, 황금가지, 2002.

칸트, 임마누엘 외, 『계몽이란 무엇인가』, 임홍배 옮김, 도서출판 길, 2020.

_____, 『도덕형이상학』, 이충진·김수배 옮김, 한길사, 2018.

_____, 『도덕형이상학 정초·실천이성비판』, 김석수·김종국 옮김, 한길사, 2019.

_____, 『순수이성비판』(전 2권), 백종현 옮김, 아카넷, 2006.

_____, 『이성의 오롯한 한계 안의 종교』, 김진 옮김, 한길사, 2023.

콩도르세, 마르퀴 드, 『인간 정신의 진보에 관한 역사적 개요』, 장세룡 옮김, 책세상, 2002.

_____, 『콩도르세, 공교육에 관한 다섯 논문: 혁명, 프랑스에 공교육의 기초를 묻다』, 이주환 옮김, 살림터, 2019.

페인, 토머스, 『상식, 인권』, 박홍규 옮김, 필맥, 2004.

포프, 알렉산더, 『포프 시선』, 김옥수 옮김, 지만지, 2010.

퐁트넬, 베르나르 르 보비에, 『新 죽은자들의 대화』, 신용호 옮김, 케이시, 2005.

필딩, 헨리, 『업둥이 톰 존스 이야기』(전 2권), 김일영 옮김, 문학과지성사, 2012.

_____,『조지프 앤드루스/섀멀라』, 김성균 옮김, 지만지, 2014.

하만, 요한 게오르크『하만 사상선집』, 김대권 옮김, 인터북스, 2012.

해밀턴, 알렉산더·매디슨, 제임스·제이, 존,『페더럴리스트』, 박찬표 옮김, 후마니타스, 2019.

헤르더, 요한 고트프리트 폰,『인류의 교육을 위한 새로운 역사철학』, 안성찬 옮김, 한길사, 2011.

홉스, 토마스『리바이어던: 교회국가 및 시민국가의 재료와 형태 및 권력』(전 2권), 진석용 옮김, 나남, 2008.

_____,『법의 기초-자연과 정치』, 김용환 옮김, 아카넷, 2023.

_____,『시민론: 정부와 사회에 관한 철학적 기초』, 이준호 옮김, 서광사, 2013.

_____,『인간론』, 이준호 옮김, 지만지, 2009.

흄, 데이비드,『도덕 원리에 관한 탐구』, 강준호 옮김, 아카넷, 2022.

_____,『인간의 이해력에 관한 탐구』, 김혜숙 옮김, 지만지, 2012.

_____,『인간이란 무엇인가: 오성·정념·도덕 본성론』, 동서문화사, 2016.

_____,『자연종교에 관한 대화』, 이태하 옮김, 나남, 2008.

_____,『종교의 자연사』, 이태하 옮김, 아카넷, 2013.

_____,『취미의 기준에 대하여/비극에 대하여 외』, 김동훈 옮김, 마티, 2019.

2. 더 읽어 보기

그래프턴, 앤서니,『편지 공화국』, 강주헌 옮김, 21세기북스, 2021.

김민수,『바움가르텐의『미학』읽기』, 세창출판사, 2015.

김민철,「공화주의와 민주주의: 17세기 영국에서 18세기 프랑스까지」,『서양사연구』51, 한국서양사연구회, 2014.

_____,「근대 초기 유럽 자연법의 세계관과 정치사상」,『역사교육』159, 역사교육연구회, 2021.

_____,『누가 민주주의를 두려워하는가: 지성사로 보는 민주주의 혐오의 역사』, 창비, 2023.

_____,「루소의 사회계약 이론에 대한 역사적 독해」,『역사비평』131, 역사문제연구소, 2020.

김수배, 『호소의 철학: 칸트와 호모 히스토리쿠스』, 충남대학교출판문화원, 2015.

김수용, 『독일 계몽주의』, 연세대학교출판부, 2010.

김영욱, 「소통의 환멸-『신 엘로이즈』와 18세기 서간체소설의 논리」, 『프랑스학연구』 82, 프랑스학회, 2017.

_____, 「에밀, 낯선 동료시민-『에밀』의 시민교육과 시민의 이상」, 『불어불문학연구』 129, 한국불어불문학회, 2022.

김응종, 『관용의 역사: 르네상스에서 계몽주의까지』, 푸른역사, 2014.

_____, 『프랑스혁명사는 논쟁 중』, 푸른역사, 2022.

김종원, 「근대 경험론 전통에서의 미학의 전개-샤프츠베리, 허치슨, 흄을 중심으로」, 『철학논집』 65, 서강대학교 철학연구소, 2021.

김준석, 『국제정치의 탄생: 근세 초 유럽 국제정치사의 탐색, 1494~1763』, 북코리아, 2018.

김한결, 「글로 쓴 역사, 그려진 역사 : 베르나르 드 몽포콩의 『프랑스 왕국의 유물』에 관하여」, 『프랑스사 연구』 44, 한국프랑스사학회, 2021.

김효명, 『영국 경험론』, 아카넷, 2001.

남기호, 「자기 자신에 대해 계몽되지 않은 계몽-헤겔『정신현상학』의 근대적 주체성 비판」, 『가톨릭철학』 36, 한국가톨릭철학회, 2021.

내들러, 스티븐, 『스피노자와 근대의 탄생: 지옥에서 꾸며진 책 〈신학정치론〉』, 김호경 옮김, 글항아리, 2014.

뉴턴, 아이작, 『프린키피아』, 박병철 옮김, 휴머니스트, 2023.

단턴, 로버트, 『책과 혁명: 프랑스 혁명 이전의 금서와 베스트 셀러』, 주명철 옮김, 알마, 2014.

뒬멘, 리하르트 반, 『개인의 발견-어떻게 개인을 찾아가는가 1500~1800』, 최윤영 옮김, 현실문화연구, 2005.

디어, 피터, 『과학혁명: 유럽의 지식과 야망, 1500~1700』, 정원 옮김, 뿌리와이파리, 2011.

레빈, 유벌, 『에드먼드 버크와 토머스 페인의 위대한 논쟁: 보수와 진보의 탄생』, 에코리브르, 2016.

로버트슨, 존, 『계몽: 빛의 사상 입문』, 양창수 옮김, 박영사, 2023.

마생, 장, 『로베스피에르, 혁명의 탄생』, 양희영 옮김, 교양인, 2005.

맹주완, 『계몽의 미학: 고트홀트 에프라임 레싱』, 한국문화사, 2009.

문광훈, 『스스로 생각하기의 전통: 계몽주의 사상과 그 비판』, 에피파니, 2018.

바이저, 프레더릭, 『계몽, 혁명, 낭만주의: 근대 독일 정치사상의 기원, 1790-1800』, 심철민 옮김, 도서출판b, 2020.

_____, 『낭만주의의 명령, 세계를 낭만화하라』, 김주휘 옮김, 도서출판b, 2011.

_____, 『이성의 운명: 칸트에서 피히테까지의 독일 철학』, 이신철 옮김, 도서출판b, 2018.

박영희, 『고딕 픽션, 섬뜩하고 달콤한 로맨스(18~19세기)』, 봄날에, 2022.

박정민, 「계몽주의적 자유와 경건주의적 자유」, 『범한철학』 91, 범한철학회, 2018.

버크, 피터, 『지식의 사회사』(전 2권), 박광식 옮김, 민음사, 2018.

벌린, 이사야, 『계몽시대의 철학: 18세기의 철학자들』, 서광사, 1992.

_____, 『낭만주의의 뿌리』, 석기용 옮김, 필로소픽, 2021.

_____, 『비코와 헤르더』, 이종흡·강성호 옮김, 민음사, 1997.

벤투리, 프랑코, 『계몽사상의 유토피아와 개혁』, 김민철 옮김, 글항아리, 218.

보머, 프랭클린, 『유럽 근현대 지성사』, 조호연 옮김, 현대지성사, 2010.

서순, 도널드, 『유럽 문화사』(전 5권), 정영목·오숙은·한경희·이은진 옮김, 뿌리와이파리, 2012.

서양근대철학회 엮음, 『서양근대철학』, 창비, 2001.

_____, 『서양근대철학의 열가지 쟁점』, 창비, 2004.

설혜심, 「품격이 필요해-엘리아스의 『문명화 과정』과 18세기 영국의 매너」, 『영국연구』 48, 영국사학회, 2022.

슈니윈드, J. B., 『근대 도덕철학의 역사: 자율의 발명』(전 3권), 김성호 옮김, 나남, 2017.

슈투케, 호르스트, 『코젤렉의 개념사 사전 6: 계몽』, 남기호 옮김, 푸른역사, 2014.

스키너, 퀜틴, 『근대 정치사상의 토대 1』, 박동천 옮김, 한길사, 2004.

_____, 『근대 정치사상의 토대 2』, 박동천 옮김, 한국문화사, 2012.

시덴톱, 래리, 『개인의 탄생: 양심과 자유, 책임은 어떻게 발명되었는가?』, 정명진 옮김, 부글북스 2016.

쎄, 앙리, 『17세기 프랑스 정치사상』, 나정원 옮김, 아카넷, 1997.

_____, 『18세기 프랑스 정치사상』, 나정원 옮김, 아카넷, 2000.

안두환, 「몽테스키외의 "법의 정신": 정치, 경제 그리고 법 개혁」, 『법철학연구』 9(2), 한국법철학회, 2009.

_____, 「장-자크 루소의 자기 편애의 추론적 역사학: 혁명과 전쟁」, 『정치사상연구』

27(2), 한국정치사상학회, 2021.

안승훈, 「18세기 독일 생명철학」, 전남대학교 철학과 박사학위논문, 2021.

양하림, 「다르장송의 "군주제적 민주정"과 18세기 프랑스의 정치개혁론」, 성균관대학교 사학과 석사학위논문, 2024.

엘리아스, 노르베르트, 『문명화과정』(전 2권), 박미애 옮김, 한길사, 1999.

오수웅, 『루소의 도덕철학: 인성교육을 위하여』, 박영스토리, 2018.

오창환, 「그로티우스와 근대 도덕철학의 시작:《전쟁과 평화의 법》서설을 중심으로」, 『근대철학』16, 서양근대철학회, 2020.

_____, 「근대 독일철학에서의 프로이센 학술원의 역할: 사변철학부 현상과제(1747~1763)를 중심으로」, 『범한철학』107, 범한철학회, 2022.

윤용선, 「위그노 난민과 계몽주의의 전파, 17~18세기 브란덴부르크-프로이센을 중심으로」, 『사림』77, 수선사학회, 2021.

이가은, 「18세기 잉글랜드와 가톨릭 계몽: 조셉 베링턴의 사상을 중심으로」, 『서양사연구』69, 한국서양사연구회, 2023.

이경진, 「유럽 계몽주의에서의 '기원 탐구': 쟁점과 그 딜레마」, 『순천향 인문과학논총』39(3), 순천향대학교 인문학연구소, 2020.

이민희, 『18세기의 세책사: 소설 읽기의 시작과 유행』, 문학동네, 2023.

이선민, 「크리스티안 볼프의 형이상학적 정치학-'독일어판 정치학'의 정부형태론을 중심으로」, 『철학논집』59, 서강대학교 철학연구소, 2019.

이성덕, 『경건과 실천: 독일 경건주의와 A, H, 프랑케 연구』, 기독교문서선교회, 2009.

_____, 「독일 경건주의와 초기 계몽주의: 할레 대학의 '볼프 사건'과 관련하여」, 『역사신학논총』16, 한국복음주의역사신학회, 2008.

_____, 「친첸도르프(N. L. von Zinzendorf)와 할레 경건주의」, 『한국교회사학회지』22, 한국교회사학회, 2008.

이승은, 「예카테리나 2세의 입법위원회와 러시아의 상업화 논의」, 서울대학교 서양사학과 석사학위논문, 2023.

이엽, 「독일 계몽주의의 보편적 인간 이성의 이념과 그 전개」, 『철학논총』36, 새한철학회, 2004.

이영목, 「대담한 글쓰기: 라메트리의 「서문」 읽기」, 『불어불문학연구』122, 한국불어불문학회, 2020.

이영목·김영욱·민은경 외, 『18세기의 사랑: 낭만의 혁명과 연애의 탄생』, 문학동네,

2024.

이영석,『지식인과 사회: 스코틀랜드 계몽운동의 역사』, 아카넷, 2014.

이우창, 「문인의 글쓰기와 지성사적 전기」, 『교차 3: 전기, 삶에서 글로』, 읻다, 2022.

_____, 「"서로를 향한 깨지지 않는 우정": 새뮤얼 리처드슨과 18세기 여성 우정론」, 『18세기영문학』 20(2), 한국18세기영문학회, 2023.

_____, 「영어권 계몽주의 연구의 역사와 "잉글랜드 계몽주의"의 발견」, 『코기토』 97, 부산대학교 인문학연구소, 2022.

_____, 「자신을 향해, 모두를 위해: 영어권 에세이 장르의 역사에 관한 짧은 에세이」, 『릿터 Littor 26호』, 민음사, 2020.

이은재, 「경건: 미신과 이성 사이에서–크리스티안 토마시우스(Christian Thomasius)를 중심으로」, 『한국교회사학회지』 36, 한국교회사학회지, 2013.

이종흡,『마술, 과학, 인문학』, 장미와동백, 2022.

이충훈,『자연의 위반에서 자연의 유희로: 계몽주의와 낭만주의 시기 프랑스의 괴물논쟁』, 도서출판b, 2021.

이한균, 「칸트의 의무론적 윤리학의 선구자 바움가르텐」, 『칸트연구』 52, 한국칸트학회, 2023.

이효숙, 「필로조프들의 세기를 예고하는 퐁트넬」, 『프랑스학연구』 78, 프랑스학회, 2016.

임동현, 「롬바르디아 계몽주의의 발생학: 피에트로 베리의 사례」, 『한국사학사학보』 47, 한국사학사학회, 2023.

임성훈, 「신앙, 이성, 감성에 나타난 '긴장(Spannung)의 미학'–독일 초.중기 계몽주의를 중심으로」, 『미학』 63, 한국미학회, 2010.

장세룡, 「공론영역의 제도: 살롱, 프랑크마송, 학술원, 신문」, 『프랑스사연구』 17, 한국프랑스사학회, 2007.

_____, 『프랑스 계몽주의 지성사』, 도서출판 길, 2013.

전종윤, 「콩도르세, 프랑스 시민교육과 민중이성의 역할」, 『대동철학』 84, 대동철학회, 2018.

정기섭, 「18세기 박애주의 학교(Philanthropinum)의 교육사상과 교육방법」, 『교육혁신연구』 32(1), 부산대학교 교육발전연구소, 2022.

정다영, 「숭고 개념의 형성사: 롱기노스부터 칸트까지」, 전남대학교 철학과 박사학위논문, 2020.

정병설·김수영·주경철, 『18세기 도시: 교류의 시작과 장소의 역사』, 문학동네, 2018.

조관성, 「칸트와 바제도우: 칸트의 교육철학과 바제도우의 학교개혁」, 『현대유럽철학연구』 48, 한국하이데거학회, 2018.

최종렬, 「계몽주의, 대항계몽주의, 반계몽주의」, 『사회와 이론』 5, 한국이론사회학회, 2004.

카플란, 벤자민 J., 『유럽은 어떻게 관용사회가 되었나: 근대 유럽의 종교 갈등과 관용 실천』, 김응종 옮김, 푸른역사, 2015.

코퍼, J., 『계몽 철학』, 최인숙 옮김, 서광사, 1994.

코플스턴, 프레드릭, 『영국경험론』, 이재영 옮김, 서광사, 1991.

_____, 『프랑스·독일의 계몽주의와 칸트』, 이남원·정용수 옮김, 북코리아, 2023.

크롱크, 니컬러스, 『인간 볼테르』, 김민철 옮김, 후마니타스, 2020.

클라크, 크리스토퍼, 『강철왕국 프로이센』, 김병화 옮김, 마티, 2020.

턱, 리처드, 『홉스』, 조무원 옮김, 교유서가, 2020.

테일러, 찰스, 『근대의 사회적 상상』, 이상길 옮김, 이음, 2010.

포칵, 존 그레빌 에이가드, 『마키아벨리언 모멘트: 피렌체 정치사상과 대서양의 공화주의 전통』(전 2권), 곽차섭 옮김, 나남, 2011.

포터, 로이, 『근대 세계의 창조』, 최파일 옮김, 교유서가, 2020.

필립슨, 니콜라스, 『애덤 스미스』, 배지혜 옮김, 한국경제신문, 2023.

프리델, 에곤, 『근대문화사』(전 5권), 변상출 옮김, 한국문화사, 2015.

하명희, 「17~18세기 영국 신사의 의미 고찰」, 『18세기영문학』 12(1), 한국18세기영문학회, 2015.

한국칸트학회 엮음, 『칸트와 그의 시대』, 철학과현실사, 1999.

한국18세기학회 엮음, 『18세기의 방: 공간의 욕망과 사생활의 발견』, 문학동네, 2020.

_____, 『위대한 백년 18세기: 동서문화 비교 살롱토크』, 태학사, 2007.

핸킨스, 토머스, 『과학과 계몽주의』, 양유성 옮김, 글항아리, 2011.

허시먼, 앨버트 O., 『정념과 이해관계』, 노정태 옮김, 후마니타스, 2020.

허재훈, 「계몽주의와 인종주의」, 『철학논총』 101, 새한철학회, 2020.

홍우람, 「멘델스존의 유대 계몽주의: 계몽주의와 유대주의의 관계를 중심으로」, 『철학탐구』 55, 중앙대학교 중앙철학연구소, 2019.

황수영, 『근현대 프랑스철학의 뿌리들』, 갈무리, 2021.

힌스케, 노르베르트, 『현대에 도전하는 칸트』, 이엽·김수배 옮김, 이학사, 2004.

인명 찾아보기

지은이 **베르너 슈나이더스** Werner Schneiders, 1932~2021

베르너 슈나이더스는 1997년까지 뮌스터 대학 철학과 교수로 재직했고, 국제 18세기 연구학회의 독일 대표이사를 역임했다. 토마지우스, 라이프니츠, 볼프 등으로 대표되는 초기 근대 독일철학과 관련된 수많은 연구성과를 가지고 있으며, 특히 18세기 연구학회의 공저 『계몽 사전』(*Lexikon der Aufklärung*, 1995)의 대표 저자로 유명하다. 대표 연구업적으로는 『자연법과 사랑의 윤리학: 크리스티안 토마지우스와 결부된 실천철학의 역사』(*Naturrecht und Liebesethik. Zur Geschichte der praktischen Philosophie im Hinblick auf Christian Thomasius*, 1971), 『계몽과 선입견 비판: 선입견 이론사 연구』(*Aufklärung und Vorurteilskritik: Studien zur Geschichte der Vorurteilstheorie*, 1983), 『이성에 대한 희망: 독일 계몽 철학』(*Hoffnung auf Vernunft: Aufklärungsphilosophie in Deutschland*, 1990) 등이 있으며, 우리말로 번역된 책으로 『20세기 독일철학』(박중목 옮김, 동문선, 2005)이 있다.

옮긴이 **오창환**

오창환은 전남대학교 철학과 강사이자 철학연구교육센터 전임연구원으로, 전남대학교 철학과에서 「칸트의 〈실천이성비판〉에서 도덕적 동기부여의 문제」로 박사학위를 취득했다. 칸트의 실천철학 문헌을 역사적 관점에서 고찰하기 위해 칸트 이전의 독일 계몽 철학과 서유럽 계몽의 지성사로 연구 관심을 넓혀 가고 있다. 루이스 화이트 벡의 『칸트의 〈실천이성비판〉 주해』(도서출판 길, 2022)를 한국어로 번역했으며, 주요 논문으로 「칸트 이전 독일철학에서 동기 개념의 논쟁사」, 「칸트의 1770년대 도덕철학에서 판정원리와 실행원리」, 「『실천이성비판』에서 도덕적 동기의 현상 문제」, 「근대 독일철학에서의 프로이센 학술원의 역할: 사변철학부 현상과제(1747~1763)를 중심으로」 등이 있다.

해제 **이우창**

이우창은 한국방송통신대학교 문화교양학과 조교수로, 서울대학교 영어영문학과에서 「새뮤얼 리처드슨과 18세기 영국 초기 여성주의 도덕 언어」로 박사학위를 취득했다. 18세기 영국 지성사, 특히 젠더 담론의 역사를 연구하며, 현대 한국의 정치적·도덕적 담론의 탐구에도 관심을 가지고 있다. 리처드 왓모어의 『지성사란 무엇인가?』(오월의봄, 2020)를 한국어로 번역했으며, 주요 논문으로 「헬조선 담론의 기원: 발전론적 서사와 역사의 주체 연구, 1987~2016」, 「영어권 계몽주의 연구의 역사와 "잉글랜드 계몽주의"의 발견」, 「지성사 연구의 방법들: 담론 연구, 개념사, 언어맥락주의」 등이 있다. 또한 근대 지성사 연구 블로그(begray.tistory.com)를 운영하고 있다.